Am Inn

ANDREAS SCHÖPS

LIEBLINGSPLÄTZE
zum Entdecken

Am Inn

ANDREAS SCHÖPS

KULTUR

GMEINER

Sofern hier nicht erwähnt, stammen alle Bilder von Andreas Schöps:
Stadtwerke Wasserburg am Inn 72; Parkbahn Neuötting e.V./Dr. Wolfgang Bai-
erl/Wolfgang Rohne 108; Oliver Zeiler 122; Jörg Ecker 134; Ulrich Schöps 148;
Haslinger Hof KG 150; Johannesbad Reha-Kliniken AG&Co.KG 154; Stephan
Öller 178

Besuchen Sie uns im Internet:
www.gmeiner-verlag.de

© 2017 – Gmeiner-Verlag GmbH
Im Ehnried 5, 88605 Meßkirch
Telefon 075 75/2095-0
info@gmeiner-verlag.de
Alle Rechte vorbehalten
1. Auflage 2017

Lektorat/Bildredaktion: Ricarda Dück
Satz: Julia Franze
Bildbearbeitung/Umschlaggestaltung: Benjamin Arnold
unter Verwendung eines Fotos von Andreas Schöps
Kartendesign: Mirjam Hecht; © The World of Maps (www.123vectormaps.com)
Druck: AZ Druck und Datentechnik GmbH, Kempten
Printed in Germany
ISBN 978-3-8392-2004-7

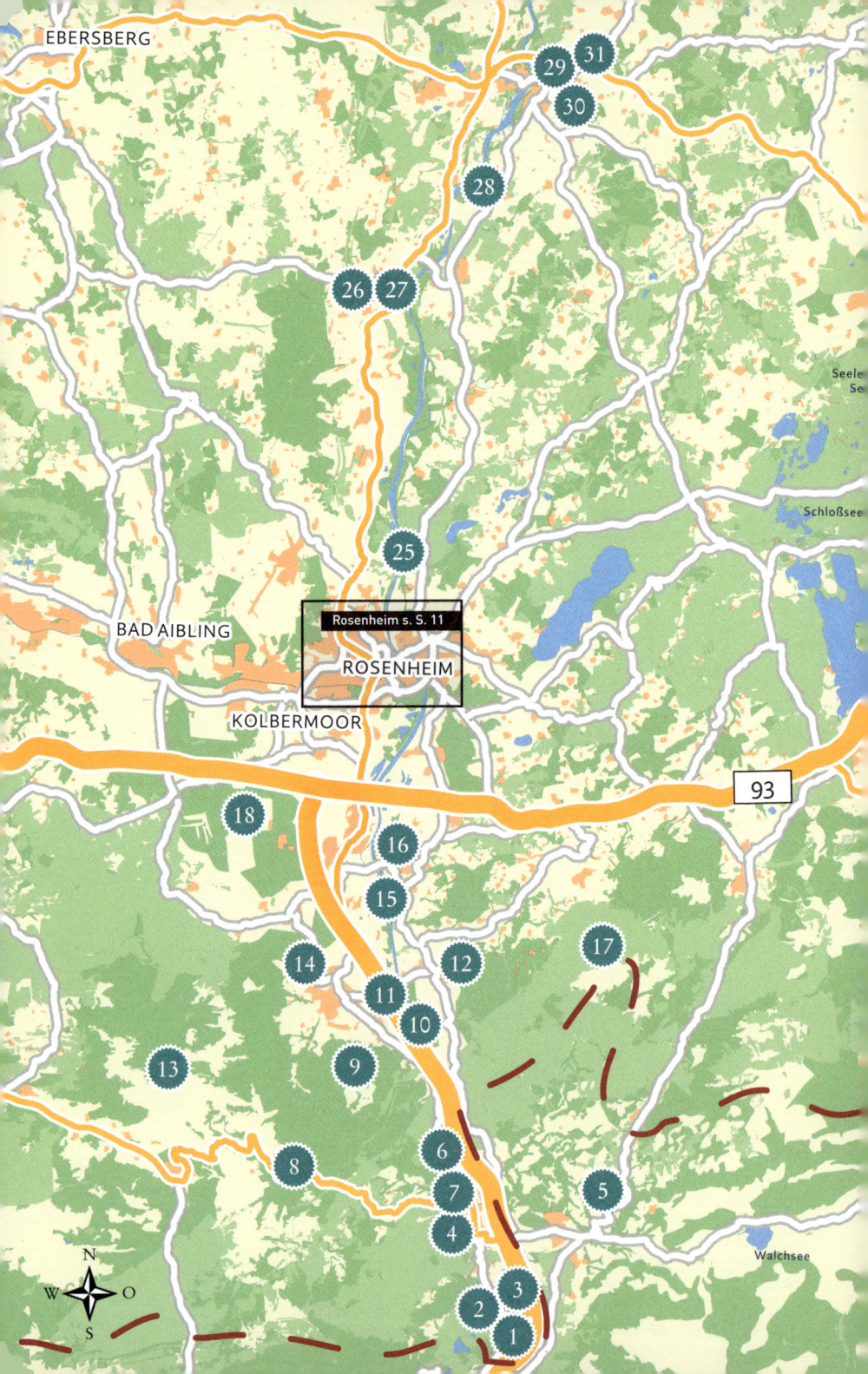

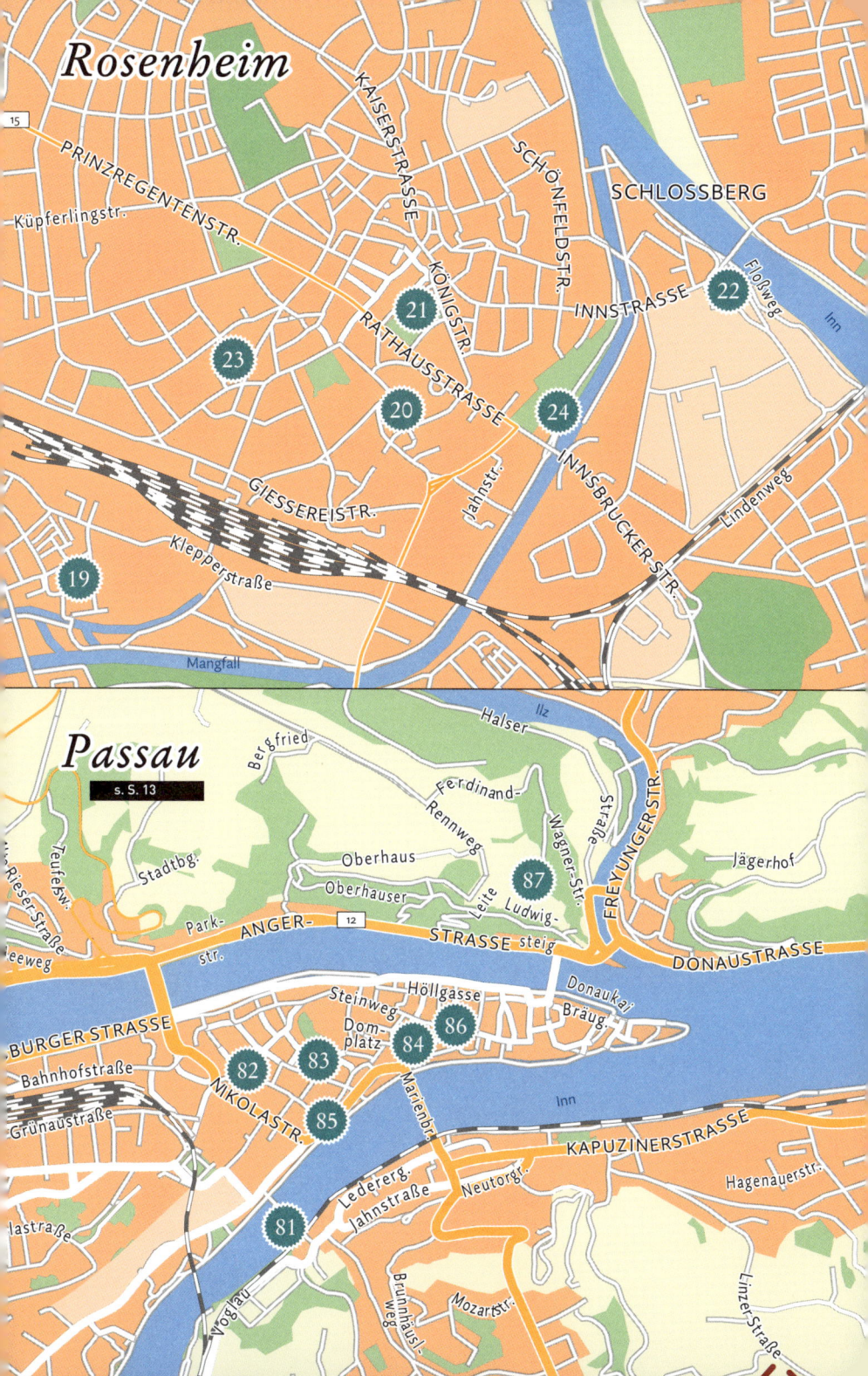

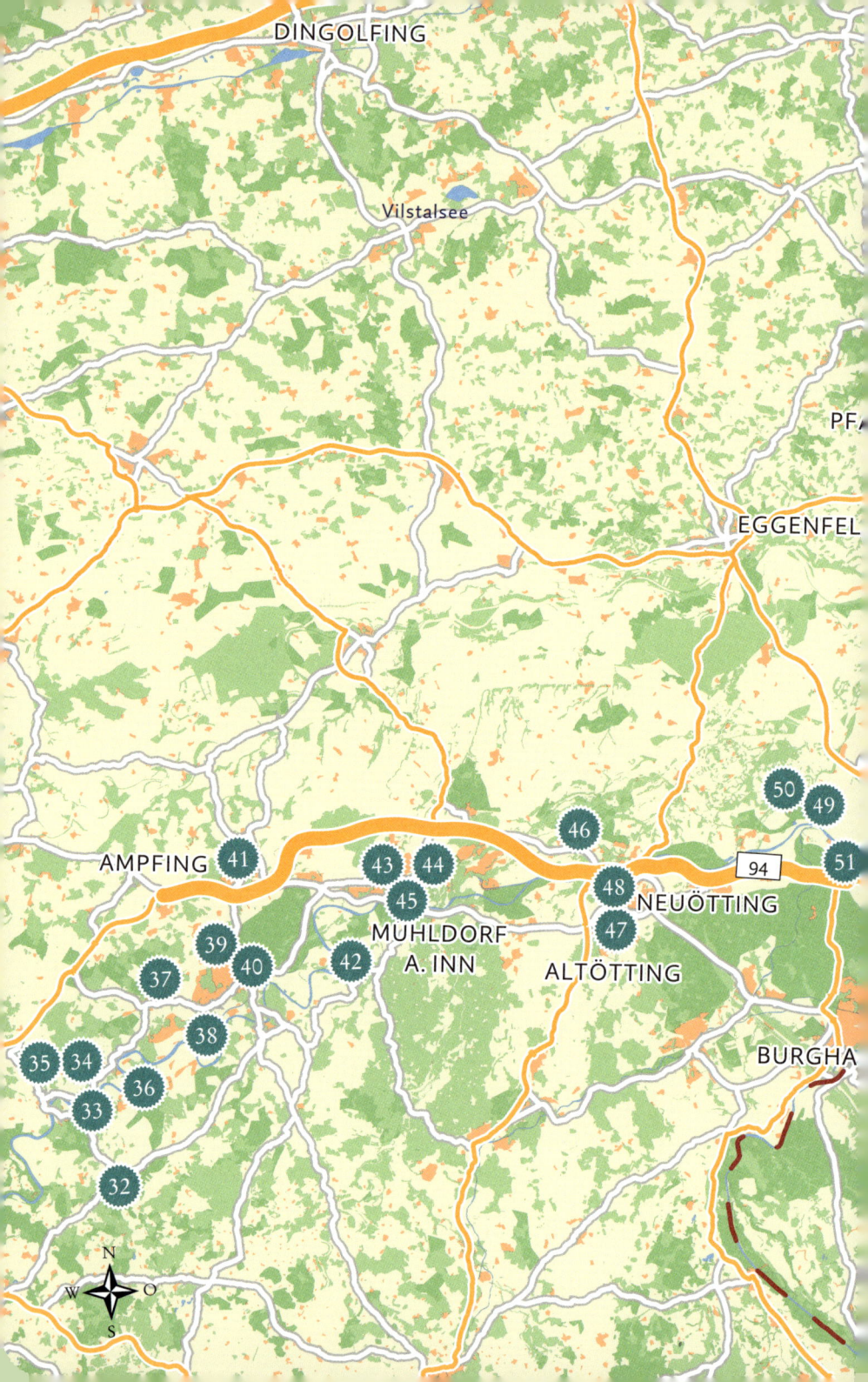

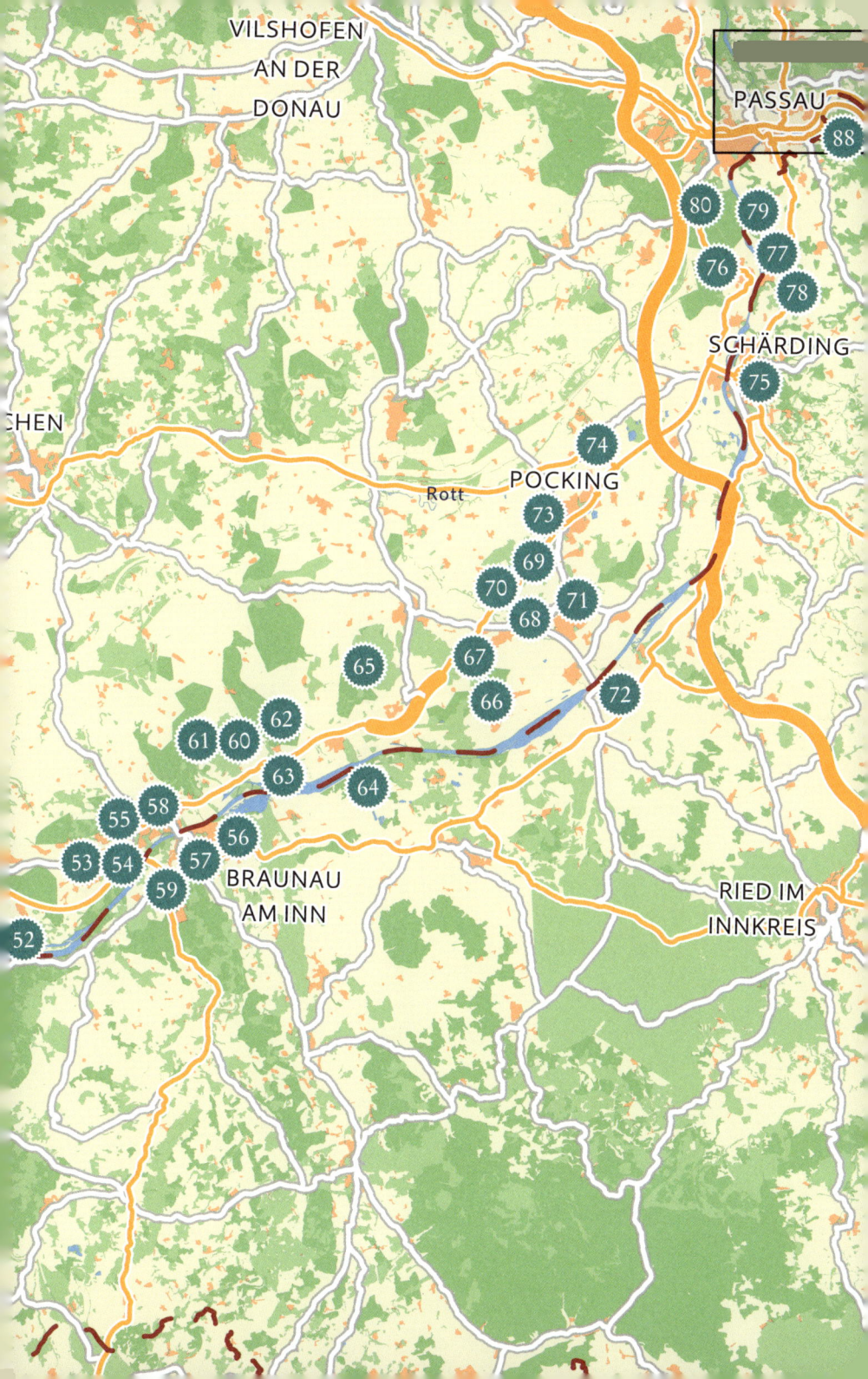

INNFÄHRE KIEFERSFELDEN /// INNSTRASSE 65 ///
D-83088 KIEFERSFELDEN /// 00 49 / 171 / 2 70 02 66 ///
WWW.TOURISMUS-KIEFERSFELDEN.DE/INNFAEHRE-KIEFERSFELDEN.HTML ///

DEN GRÜNEN FLUSS SPÜREN

Innfähre in Kiefersfelden

Seit Menschengedenken fühlen wir uns magisch zu Gewässern hingezogen. Sie liefern Trinkwasser, geben Nahrung und laden dazu ein, an ihren Ufern innezuhalten und zu entspannen. Zugleich sind sie seit jeher mit Aufbruch verbunden, mit Reisen, Passieren sowie Ankunft, und erzählen dabei einzigartige Geschichten.

Unser grüner Inn gehört zu den bedeutendsten Flüssen Mitteleuropas. Nicht nur wegen seines Einzugsgebiets von 26.000 Quadratkilometern, seiner Wasserführung von bis zu 190 Kubikmetern pro Sekunde und seiner stolzen Länge von fast 520 Kilometern. Auch weil er sowohl den Natur- als auch den Kulturraum der Landschaften entscheidend geprägt hat, die er von seinem Ursprung im schweizerischen Engadin bis zu seiner Mündung in Niederbayern durchquert.

Wer dem Inn auf seinem Weg vom Alpenaustritt bis zu seinem Zusammenfluss mit der Donau folgt, stößt immer wieder auf eindrucksvolle Zeugnisse unterschiedlicher Epochen: eiszeitliche Relikte des Inngletschers mit Gletscherschliffen, Rundhöckern und Endmoränenwällen, aber auch tiefschwarze Moore früherer Zeiten, heute landwirtschaftlich genutzte Terrassen oder geheimnisvolle Altarme inmitten dichter Auenwälder. Ebenso begegnet man an zahlreichen Stellen der österreichisch-bayerischen Geschichte, an Burgen und Klöstern, an den Plätzen im Inn-Salzach-Stil oder den weltbekannten Sakralbauten.

Nur wenige Orte sind so geeignet für den Beginn der Innentdeckung wie die alte Furt in Kiefersfelden, die vor traumhafter Alpenkulisse seit 1770 der Überquerung des Flusses dient. Also nichts wie hinein in die historische Treidelfähre, zurücklehnen und die Hand eintauchen in das grüne Wasser, damit man sie spüre, diese einzigartige Geschichte, die der Inn mit sich trägt!

🐚 Fährbetrieb ist von Ende April bis Mitte Oktober. Kombinieren Sie eine sommerliche Flussfahrt mit einem Bad im nahe gelegenen Kieferer See und einer üppigen Brotzeit im dortigen Restaurant Seestüberl.

DEN KASPERL BESTAUNEN
Kieferer Puppentheater in Kiefersfelden

Ein gestresster Wachtmeister, ein gefährlicher Tatzlwurm und mystische Elfen, die so manchen Schabernack aushecken – seltsame, mitunter kauzige Gestalten tummeln sich im beschaulichen Kiefersfelden, genauer gesagt in jenem wundersamen Holzhäuserl direkt am Kieferbach. Wer das berühmte Kieferer Puppentheater betritt, taucht ein in eine fabelhafte Welt, die Groß und Klein zugleich in Staunen zu versetzen mag.

Über 30 Jahre ist es her, dass Dorle Dengg, die gute Seele und kreative Kraft hinter der Kulisse, am Neugrund ihr erstes Kasperltheater aufführte. Seitdem hat sie als Autorin, Regisseurin und Darstellerin ihren frechen Schlingel Peringel auf mehr als 70 Abenteuern begleitet und dabei unzählige Generationen glücklich gemacht. Ob Jung oder Alt – in ihrem Häuserl wird jedermann sofort in den Bann gezogen. Hier ist die Begeisterung für den Kasperl und seine Freunde in jedem Winkel zu spüren.

Liebevoll dekorierte Schaukästen mit handgeschnitzten Figuren laden die Gäste ein, vor den Aufführungen der beeindruckenden Tradition des Hauses nachzuspüren. Und auch nach der Vorstellung kann man sich kaum von dem bezaubernden Kosmos lösen. Kleine und große Besucher toben sich dann in der Bastelstube aus, drehen auf dem detailgetreu restaurierten Karussell ihre Runden, streicheln die beiden kessen Ponys im Vorgarten oder genießen im angegliederten Café herrlich duftenden Kaffee, Tee, Kakao zu selbst gemachten Kuchen. Aber am stärksten ist die Faszination natürlich, wenn der Vorhang aufgeht, der Klavierspieler mit dem Publikum fröhliche Lieder anstimmt und der wahre Held die Bühne betritt: der pfiffige Kasperl Peringel, der mit seinen Abenteuern eine einzigartige Magie entfacht, wie sie heute viel zu selten geworden ist.

✍ Die aktuellen Aufführungstermine finden Sie im Internet. Reservieren Sie am besten frühzeitig, die Veranstaltungen sind rasch ausgebucht.

WACHTL-BAHN BEIM ZEMENTWERK /// FELDWEG 8A ///
D-83088 KIEFERSFELDEN /// 00 49 / 80 33 / 74 12 ///
WWW.WACHTL-BAHN.DE ///

ZU NIXEN UND GESPENSTERN TUCKERN
Wachtl-Bahn in Kiefersfelden

Beim Besuch Kiefersfeldens wird man überwältigt von vielfältiger Schönheit. Ob malerische Gewässer, traumhafte Gipfel oder geheimnisvolle Ecken – das Inntal und seine alpine Umgebung bieten schier unendliche Entdeckungsmöglichkeiten, die dank des hervorragenden Netzes an Wander- und Fahrradwegen allesamt gut erschlossen sind. Wer aber auf besonderes Flair Wert legt, ein echtes Highlight sucht und seine Erkundungen mit einem guten Schuss Nostalgie würzen möchte, dem sei eine Fahrt mit der zauberhaften Wachtl-Bahn empfohlen.

Das historische Kleinod, das heute von einem eigens gegründeten Verein betrieben wird, gilt als eine der ältesten privaten Schmalspurbahnen Europas. Sie besteht aus zwei Elektrolokomotiven aus den 1920er-Jahren, mehreren originalgetreu eingerichteten Personenwagen, die allesamt rund 100 Jahre auf ihrem wohlrestaurierten Buckel haben, und einem Barwagen, der so manches ICE-Bistro in den Schatten stellt. Nehmen Sie Platz, und die Reise zum namensgebenden Tiroler Grenzort Wachtl kann losgehen!

Zu einem unvergesslichen Erlebnis wird der Ausflug spätestens, wenn der Zug Kiefersfelden verlässt und im Schatten des Buchberges über sattgrüne Wiesen in die wunderschöne Bergwelt vordringt. Manch einer mag während des Ausflugs in wahre Gewissenskonflikte geraten: Soll man einfach nur die Fahrt und Aussicht genießen oder an einer der idyllischen Haltestellen aussteigen? Auf der Strecke lädt der Hechtsee ein, der Nixensage nachzugehen, die Gießenbachklamm lockt mit ihrer Farbenpracht, und die Gipfel ziehen Wanderfreunde an, die zur Schopper Alm, zum Ledererhof oder zum Baumgartnerhof hinaufsteigen können. Dort genießt man einen herrlichen Ausblick auf die nostalgische Wachtl-Bahn, die gemächlich durch das Tal tuckert.

🖋 Ein Muss für alle Eisenbahnliebhaber ist die eintägige Ausbildung zum »Lokführer h.c. der Wachtl-Bahn«, die zur Führung der Lokomotive unter Aufsicht berechtigt. Vorher auf der Website anmelden!

EINE SESSELBAHN FÜHRT BEQUEM AUF DEN ERLEBNISBERG ///
CARL-HAGEN-STRASSE 7 /// D-83080 OBERAUDORF ///
00 49 / 80 33 / 3 03 50 /// WWW.HOCHECK.COM ///

Erlebnisberg in Oberaudorf

Schon auf den ersten Blick wird Oberaudorf seinem Ruf als »Perle des Inntals« gerecht. Der von den Bergen Wildbarren, Brünnstein, Kaisergebirge und Kranzhorn umrahmte Luftkurort besticht nicht nur durch ein wunderschönes Zentrum, sondern zudem durch ein atemberaubendes Panorama über das Inntal und die umgebenden Gebirgsmassive.

Ein echtes Highlight ist der Erlebnisberg, der sich vom Oberaudorfer Ortskern hinauf bis zum Hocheck erstreckt. Gleich einer Schatzkiste eröffnet sich eine Unzahl an Möglichkeiten, die Freizeit naturnah, erholsam und aktiv zu gestalten. Die moderne Sesselbahn bringt Jung und Alt bequem zum Gipfel hinauf, wo sich dem Besucher ein traumhafter Ausblick auf die umliegenden Bergkuppen bietet. Richtig sportlich wird es für all diejenigen, die bereits an der Mittelstation aussteigen, wo man sich in die mehr als einen Kilometer lange Sommerrodelbahn schwingen und hinunter ins Tal düsen kann – 360-Grad-Superkreisel inklusive! Und wer den Extrakick sucht, der sollte den Oberaudorfer Flieger besteigen, eine hochmoderne Flying-Fox-Anlage, mit der man mit bis zu 80 Kilometern pro Stunde auf 700 Metern fast wie ein Vogel nach Oberaudorf hinuntergleitet.

Natürlich kommen auch gemütlichere Zeitgenossen auf dem Erlebnisberg nicht zu kurz. Unzählige Wanderwege und Kinderspielplätze sowie ein gemütliches Wirtshaus laden Jung und Alt zum Verweilen ein. Wem es zusätzlich nach einer Prise Kultur dürsten sollte, der kann den Sagenweg erkunden, der sich familienfreundlich von der Mittel- zur Bergstation schlängelt und der die Geschichten der Brünnsteinzwergerl, des Tatzlwurms und der Brünnsteinhexe erzählt.

☞ Von der Talstation sind es nur wenige Meter ins Oberaudorfer Ortszentrum, wo Sie unter anderem ein erstklassiges Trachtenmodegeschäft, einen »Walk of Fame« sowie zahlreiche Gasthöfe und Restaurants finden.

HOLZBILDHAUERWERKSTATT STEFAN KÄSER /// HAUSERN 50 ///
A-6342 NIEDERNDORFERBERG /// 00 43 / 53 73 / 6 19 20 ///
WWW.HOLZBILDHAUERMEISTER.AT ///

AUS ECHTEM HOLZ GESCHNITZT WERDEN

Fester Bestandteil der Tiroler Kultur ist seit Jahrhunderten die Holzschnitzerei, in der sich auf kunstvolle Weise Brauchtum sowie die besondere Verbindung zwischen Mensch und Natur widerspiegeln. In dieser Einheit liegt auch der Ursprung des alten Handwerks: Nachdem die Bauern einst das Vieh auf die Almen getrieben hatten und die Kühe träge auf den blühenden Bergwiesen weideten, mag es dem ein oder anderen Hirten mitunter zu langweilig geworden sein. Aus dem beiläufigen Griff zu Messer und Holzresterln entwickelte sich spontan eine Figur oder Hirtenflöte, und aus ersten Versuchen wurden irgendwann wahre Kunstwerke, die es von den Weiden in die Tiroler Täler und von dort in die ganze Welt schafften.

Wie bei vielen traditionellen Handwerksberufen beherrschen heute nur noch wenige die Tiroler Holzschnitzerei. Umso mehr lohnt sich daher die Fahrt ins beschauliche Niederndorferberg, wo ein echter Meister seines Faches seit über 30 Jahren ebenso kunstvolle wie einzigartige Porträts, Krippen, Masken, Musikanten und Tierfiguren anfertigt. Holzbildhauermeister Stefan Käser verwirklicht dabei sowohl eigene Ideen als auch individuelle Kundenwünsche, die ihn aus aller Herren Länder erreichen. Aber nicht nur die exquisite Schnitzkunst, mit der er die Skulpturen und Ensembles liebevoll gestaltet, prägt sein herausragendes Handwerk. Stefan Käser nutzt für seine Kunst bewusst heimische Hölzer, zumeist Zirbe, Linde und Nussbaum. Die Bäume werden wiederum in einer bestimmten Mondphase geschlagen, was eine besonders hohe Qualität verspricht. Wer Stefan Käser bei der Arbeit zuschaut, der bemerkt schnell, dass ihm die Liebe zur Natur und zum Holz wahrlich Berufung geworden ist.

🖎 Fragen Sie Stefan Käser nach seinem Alpenrosenhonig, den der begeisterte Imker selbst auf Tiroler Bergalmen produziert – ein kulinarischer Geheimtipp!

GASTHAUS WALLER /// URFAHRNSTRASSE 10 ///
D-83080 OBERAUDORF /// 00 49 / 80 33 / 14 73 ///
WWW.WALLER-REISACH.DE ///

IN DER »WEIBERWIRTSCHAFT« SPEISEN
Gasthaus Waller in Oberaudorf

Was hat der Xaver nur für ein Leben! Er kann den ganzen Tag im Wirtshaus verbringen, sich unter die fröhlichen Besucher mischen und in aller Ruhe den fesch gekleideten Damen zuschauen, wie sie emsig köstlich duftende Speisen und Tabletts voller Getränke durch das Gewusel balancieren. Ein schöneres Leben, möchte man fast meinen, gibt es wohl nicht für einen Herren – ein bayerischer Himmel wahrlich, inmitten der traumhaften Kulisse des Kaisergebirges.

Dass Xaver dieses Paradies auf Erden in aller Ruhe auskosten darf, hat er nicht seiner stoischen Gemütlichkeit, sondern allein Anni Armborst zu verdanken. Im Gasthaus Waller, das sich seit 1747 gleich neben dem Kloster Reisach befindet, ist sie die Chefin, und ihre »Weiberwirtschaft«, die ist ein wahres Kleinod. Hier scheint die Welt noch in Ordnung: Das Lokal seit Generationen in Familienbesitz, die Stub'n urig, der Biergarten schattig, die Leut gesellig und die Kuch'n köstlich. Der Waller in Reisach ist die erste Wahl für alle, die gerne hervorragende bayerische Küche wie Knödeltris, Kalbslüngerl oder das beliebte Ochsenbiergulasch in traditioneller Atmosphäre genießen möchten.

Aber ist der Waller auch wirklich eine reine »Weiberwirtschaft«? Wer den Xaver aufmerksam beobachtet, ertappt ihn ab und an dabei, wie er zur Küche hinüberschielt. Als würde er einen männlichen Genossen herausbeschwören wollen, in all dieser weiblichen Betriebsamkeit. Und manchmal, da wedelt der stattliche Bernersennenrüde vor Freude mit dem Schwanz, als hätte er für eine Sekunde durch die offene Küchentür tatsächlich einen männlichen Mitstreiter erspäht. Einer, der sich ebenso wie der Xaver dezent im Hintergrund hält und seine Leidenschaft für bayerische Spezialitäten und diese bezaubernde »Weiberwirtschaft« teilt.

🐾 Probieren Sie unbedingt die traditionell zubereiteten Innereien sowie die Tris aus Spinat-, Rote-Bete- und Kasknödeln. Und fragen Sie den Wirtinnengatten nach seiner saisonalen Bierempfehlung!

KARMELITENKLOSTER REISACH /// KLOSTERWEG 20 ///
D-83080 OBERAUDORF /// 00 49 / 80 33 / 3 08 40 ///
WWW.KLOSTER-REISACH.DE ///

IN DIE KLAUSUR BIKEN

Karmelitenkloster in Oberaudorf

Ein gigantischer Konvoi mit Dutzenden von Motorrädern rattert und knattert gemächlich durch eine idyllische Landschaft. Was wie die Eröffnungsszene eines Roadmovies anmutet, ist eine zur beliebten Tradition gewordene Veranstaltung im beschaulichen Oberaudorfer Ortsteil Reisach. Einmal im Jahr treffen sich Motorradfahrer aus ganz Deutschland und Österreich, um für sich und ihre Maschinen den kirchlichen Segen zu empfangen – im bei Bikern weltberühmten Karmelitenkloster. Das Außergewöhnliche daran ist, dass nicht nur der Weihgottesdienst von den Ordensbrüdern geleitet wird, sondern die beiden Patres Richard und Matthäus zudem den Motorradkonvoi anführen. Mit ihrer klösterlichen Biker-Gang Los Karmelitos sind die Geistlichen weit über die Grenzen Oberaudorfs bekannt.

Auch jenseits der alljährlichen Motorradweihe im Frühjahr lohnt sich ein Besuch des Klosters der Unbeschuhten Karmeliten. Die Geschichte des Kleinods im Inntal reicht bis in das Jahr 1729 zurück, als eine Stiftung des kurfürstlichen Hofkammerrats Johann Georg von Messerer den Grundstein für den Bau legte. Nach der sukzessiven Entwicklung gemäß den Plänen des Münchner Hofbaumeisters Johann Baptist Gunetzrhainer in den Jahren 1737 bis 1747 wurde die geistliche Gemeinschaft im Zuge der Säkularisation 1802 aufgelöst, bevor es in den Jahren 1836 bis 1837 als Kloster Reisach wiedererrichtet wurde.

Die Anlage kann heute im Rahmen von Führungen besichtigt werden. Besonders sehenswert sind die Barockkrippe, der Skapulieraltar sowie die eindrucksvollen Reliefbilder an den Seitenaltären. Und wer mit seinem Motorrad anreist, der hat vielleicht sogar die Gelegenheit, mit gar klösterlichen Bikern zu fachsimpeln.

✍ Besuchen Sie auch das direkt neben dem Kloster gelegene Schloss Urfahrn, das den ersten Karmeliten als Wohnsitz diente, und kehren Sie dann im Gasthaus Waller auf eine Brotzeit ein.

WASSERFÄLLE AM TATZLWURM ///
DIREKT GELEGEN AM HOTEL FEURIGER TATZLWURM /// TATZLWURM 1 ///
D-83080 OBERAUDORF /// 00 49 / 80 34 / 3 00 80 ///
WWW.TATZLWURM.DE ///

VOM KLEINEN DRACHEN VERSCHLINGEN LASSEN
Wasserfälle am Tatzlwurm in Oberaudorf

Wenn man den über 80 jüngsten Augenzeugenberichten Glauben schenken mag, dann gibt es keinen Zweifel mehr: Der Tatzlwurm, jenes fabelhafte, bis zu zwei Meter mächtige Drachenwesen mit seinem auffälligen raubkatzenähnlichen Kopf, existiert tatsächlich, und er streift heute mehr denn je durch die Gipfel und Täler des Inntals.

Schon aufgrund der Tatsache, dass der Tatzlwurm als äußerst gefährlich gilt, kann dem gemeinen Touristen eigentlich nur geraten werden, die Bergregionen zu meiden und dem Ungeheuer somit bestmöglich aus dem Wege zu gehen. Wer nunmehr allerdings etwas skeptischer veranlagt ist und den Gerüchten um das Fabelwesen genauer auf den Grund gehen möchte, dem wird die Suche zwar nicht zwingend zum Abenteuer, aber in jedem Falle zu einer wunderschönen Wanderung gereichen können. Geht man auf dem alten Pilgerweg vom Audorfer Tal hinüber ins Leitzachtal nach Birkenstein, erreicht man den Tatzlwurm-Wasserfall. Dieser märchenhafte Ort erhielt seinen Namen vor über 750 Jahren und gilt als Ursprung der Sage über das berüchtigte Drachenwesen. Der zufolge soll ein jeder, der im Tosen und Donnern der grünlich schimmernden Wassermassen den Überblick verliert und durch die Gischt hinabrutscht in die nicht enden wollende, fast 100 Meter tiefe Schlucht, zwangsläufig zum Opfer jenes besonders bösen Ungeheuers werden.

Doch selbst mit dem gebotenen Sicherheitsabstand muss man sich gewahr sein, dass es am Tatzlwurm eigentlich kein Entrinnen gibt: Früher oder später wird jeder unweigerlich verschlungen – und wenn es nur vom Bann dieses bezaubernden Wasserfalls mit seiner sagenhaften Geschichte ist, inmitten der fantastischen Bergwelt.

⚖ Lassen Sie Ihren Besuch stilvoll am Kaminfeuer im Hotel *Feuriger Tatzlwurm* direkt am Wasserfall ausklingen. Besonders empfehlenswert: die Brotzeit im urigen Drachenstadl mit dem steinernen Tatzlwurm!

NACH EINER WANDERUNG MIT TRAUMHAFTEM AUSBLICK ERREICHT MAN
DEN BERGBAUERN- UND BERGGASTHOF HOHE ASTEN ///
HOHE ASTEN 2 /// D-83126 FLINTSBACH AM INN ///
00 49 / 80 34 / 21 51 /// WWW.HOHEASTEN.DE ///

IN HÖHEREN SPHÄREN WANDERN

Bergbauern- und Gasthof Hohe Asten in Flintsbach

Unbestritten hält sich der Inn mit Superlativen nicht zurück. Dass jedoch nahe seinen Ufern mit der Hohen Asten auch Deutschlands höchster ganzjährig bewirtschafteter Bauernhof liegt, wissen nur die wenigsten. Für alle Entdecker und Freunde der außerordentlichen Wanderungen also ein guter Grund, die Schuhe zu schnüren, die Stöcke auszupacken und sich auf einen familienfreundlichen Fußmarsch zu begeben, der einen vom Flintsbacher Parkplatz bis auf 1.100 Meter führt.

Bereits nach den ersten Schritten, vorbei an der Maria-Schnee- und der Antonius-Kapelle, wird man mit einem Blick auf den Heuberg und die Burg Falkenstein belohnt. Für Neugierige bietet sich an dieser Stelle ein kurzer Abstecher zur Wallfahrtskirche auf dem Petersberg an. Im ältesten Gotteshaus im Inntal kann man 13 Pfeiler mit Reliefs des Rosenheimer Bildhauers Josef Hamberger bewundern. Wer den Weg bis zur Hohen Asten trotz all der schönen Ablenkungen schafft, wird mit einer einzigartigen Aussicht auf das Inntal sowie die bayerischen und Tiroler Berge belohnt. Einkehren kann man im herrlichen Bergbauern- und Gasthof, den die Familie Astl seit mehreren Generationen betreibt und in dem hungrige Wandersleute bestens versorgt werden. Auf der großen Sonnenterrasse lässt es sich ausgezeichnet verweilen. Sollte es dann doch etwas schattig werden, findet man schnell ein gemütliches Platzerl in der stilvoll eingerichteten Wirtsstube.

Auch im Winter lädt der ganzjährig geöffnete Gasthof zum Genießen ein. Wer daher in dieser Jahreszeit eine reizvolle Unternehmung sucht, der nimmt seinen Schlitten mit hinauf und krönt seinen Besuch auf der Hohen Asten mit einer schwungvollen Abfahrt ins Tal!

🖎 Kaufen Sie gleich etwas Sahne, Butter, Käse, Rind- und Lammfleisch oder selbst gebackenes Brot ein – Selbstgemachtes vom höchstgelegenen Bauernhof Deutschlands schmeckt doch ganz besonders köstlich!

UM DEN GLETSCHERSCHLIFF BEI FLINTSBACH AM INN ZU ERREICHEN, PARKEN SIE IHR AUTO AN DER ALTEN POST /// KUFSTEINER STRASSE 84 /// D-83126 FLINTSBACH AM INN ///

WANDERN SIE VON HIER DEN GLETSCHERGARTENWEG IN RICHTUNG INNDAMM. SO GELANGEN SIE NACH RUND 500 METERN ZUM GLETSCHERSCHLIFF.

WEITERE INFORMATIONEN ERTEILT DIE GEMEINDE FLINTSBACH AM INN /// KIRCHSTRASSE 9 /// D-83126 FLINTSBACH AM INN /// 00 49 / 80 34 / 3 06 60 /// WWW.FLINTSBACH.DE ///

SCHÖNSTEN EISSPUREN FOLGEN
Gletscherschliff bei Flintsbach am Inn

Es ist gewiss keine Selbstverständlichkeit, wenn ein Stückerl Natur nicht nur in die exklusive Liste der »schönsten Geotope Bayerns« aufgenommen wird, sondern sich sogar unter den 77 ausgezeichneten »Nationalen Geotopen Deutschlands« wiederfindet. Dann muss dieser Ort wirklich etwas Besonderes und mehr als nur einen Besuch wert sein.

Dass wir heute in der unmittelbaren Nähe der Gemeinde Flintsbach solch ein besonderes Geotop bestaunen können, haben wir – natürlich – dem Inn zu verdanken. Sein mächtiger Gletscher hat sich an dieser Stelle während der Eiszeiten bis vor circa 10.000 Jahren in kalten Phasen mal mehr, in wärmeren mal weniger weit aus den Alpen hervorgewagt. Vor der malerischen Kulisse des Kranzhorns und des Kaisergebirges ist dadurch der Flintsbacher Gletscherschliff entstanden. Dieser zählt heute zu den besterhaltenen Relikten der Vereisung am nördlichen Alpenrand. Er fasziniert seine zahlreichen Besucher – vom Fachwissenschaftler bis zum Laien – ein ums andere Mal nicht zuletzt wegen seiner facettenreichen Oberfläche. Gleichsam wie ein Bildhauer hat der Inngletscher aus dem Unterbau des Wettersteinkalkes durch geschicktes Schleifen, Polieren und Kratzen unterschiedlichste Formen an der Erdoberfläche erschaffen, deren kunstvolle Kombination aus Gletscherschrammen und Rundhöckern allein schon einzigartig sein dürfte. Seinen quasi letzten Schliff erhielt das Geotop freilich erst zwischen beziehungsweise nach den Eiszeiten, als fließendes, sedimentführendes Wasser in Strudellöchern und Spalten sogenannte Rinnen und Gletschermühlen hinterließ.

Ein jeder, der sich für die Spuren der Eiszeiten im Alpenraum interessiert, findet an diesem Platz ein ebenso ästhetisches wie auch lehrreiches naturhistorisches Denkmal vor, das man leicht umwandern kann.

    Zwischen Juni und August ist Spielzeit im Volkstheater Flintsbach, dem zweitältesten seiner Art in Deutschland. Ob Heiteres, Besinnliches, Tragödien oder Liebesgeschichten – ein Besuch lohnt sich immer!

BURG UNTER-FALKENSTEIN /// FALKENSTEINSTRASSE ///
D-83126 FLINTSBACH AM INN ///

EINE FESTUNG MIT TRAUMBLICKEN EROBERN
Burg Unter-Falkenstein in Flintsbach

Entlang des Inns finden sich einige Orte, die einen wunderschönen Ausblick auf die Landschaft und zugleich einen spannenden Einblick in die Landesgeschichte ermöglichen. Die Burg Unter-Falkenstein ist einer dieser speziellen Plätze. Etwas außerhalb von Flintsbach, am Fuße des Hohen Madrons und des Petersbergs gelegen, eröffnet das historische Bauwerk dem Wanderer bei gutem Wetter ein traumhaftes Panorama über das obere bayerische Inntal.

Unter-Falkenstein ist Teil der Burgengruppe *Falkenstein über dem Inn*, zu der ebenfalls die auf dem Petersberg gelegene Ruine Ober-Falkenstein gehört, auch Rachelburg genannt. Während von ihrer höher gelegenen und schwerer zugänglichen älteren Schwester nur noch die verwitterten Grundmauern erhalten sind, kann Unter-Falkenstein heute noch einen ebenso stolzen wie markanten Bergfried vorweisen, der weit über Flintsbach hinaus erkennbar ist. Die Gründung der Burg wird gemeinhin auf das Ende des 13. Jahrhunderts und damit unmittelbar nach der Zerstörung von Ober-Falkenstein datiert, obwohl genaue Belege hierzu fehlen. Deutlicher nachvollziehbar wird ihre Geschichte erst ab 1501, als der Wittelsbacher Herzog Albrecht IV. der Weise die Festung an die reiche Tiroler Bergbaudynastie Hofer verkaufte. In der Folge wechselte sie mehrmals ihre Besitzer, bevor sie unter den Grafen von Preysing-Hohenaschau Ende des 18. Jahrhunderts schließlich abbrannte.

Es ist einer privaten Initiative zu verdanken, dass Unter-Falkenstein heute zumindest in Teilen wieder instand gesetzt ist. Auch wenn der Bergfried selbst nicht besucht werden kann, ist die Höhenburg eine Wanderung allemal wert – allein wegen der herrschaftlichen Aussicht.

🐾 Packen Sie sich eine Brotzeit ein und gehen Sie den leichten Anstieg hinauf zum Bankerl. Von dort kann der Ausflug zur Burgruine Ober-Falkenstein fortgesetzt werden.

DER HEUBERG LÄDT NACH DEM ANSTIEG ZUM VERWEILEN EIN.
STARTEN SIE IHRE WANDERUNG AM PARKPLATZ SCHWEIBERN ///
D-83229 ASCHAU IM CHIEMGAU ///

UM DEN WANDERPARKPLATZ ZU ERREICHEN, FOLGEN SIE IN NUSSDORF
DER BESCHILDERUNG ZUM GASTHOF DUFTBRÄU. DANACH BIEGEN SIE
BEIM ANWESEN SCHWEIBERN NACH LINKS IN DEN WALD AB.

Frühmorgens, wenn die Sonne über die Gipfel hervorlugt und die kleine malerische Gemeinde Nußdorf mit ihren barocken Kirchen und den uralten Bauernhäusern in vollem Glanz erstrahlt, dann kommt auch der Heuberg richtig zur Geltung: Als mächtiger Bergstock ragt er hoch über das Dorf hinauf, und seine steil abfallenden Felswände und Wiesenhänge lassen ihn gar unbezwingbar erscheinen. Doch der Eindruck täuscht, denn auf dem richtigen Weg ist er so angenehm zu besteigen, dass er sich in den letzten Jahren zum beliebten Ausflugsziel für Besucher aus nah und fern gemausert hat.

Der Heuberg verdankt seinen Namen seinen saftigen grünen Hängen voller sattem Gras, das bestes Heu für die Kühe auf den Bauernhöfen in der Region liefert. Botanisch interessierte Wandersleut finden auf den Wiesen und in den Wäldern rund um den Heuberg zahlreiche seltene Pflanzenarten, die vor allem nach der Schneeschmelze eine wunderschöne Blütenpracht entfalten. Hierzu zählen neben zahlreichen Krokusarten unter anderem die süßlich duftende Türkenbund-Lilie und der Gelbe Frauenschuh, der als eine der prächtigsten wild wachsenden Orchideenarten Europas gilt.

Besonders reizvoll ist der Besuch des Backofens und der Kundl, zweier imposanter Felsformationen, die zu Fuß gut erreichbar sind. Der Sage nach war die Kundl eine wohlhabende Sennerin, die einem hungrigen Wandersmann ihr frisch gebackenes Brot verweigert hatte und zur Strafe mitsamt ihrem Backofen versteinert wurde. Für abergläubische Zeitgenossen empfiehlt es sich daher, immer eine Extrabrotzeit mitzunehmen, wenn sie den Heuberg hinaufsteigen. Man kann ja nie wissen …

✍   Der Heuberg bietet eine Vielzahl von gut beschilderten Wandermöglichkeiten. Sehr gut zu erreichen sind die Daffneralmen, die das ganze Jahr über bewirtschaftet sind.

EINE ZAHNRAD- UND EINE SEILBAHN FÜHREN ZUM GIPFEL DES
WENDELSTEINS

WENDELSTEINBAHN (TALSTATION) /// SUDELFELDSTRASSE 106 ///
D-83098 BRANNENBURG /// 00 49 / 80 34 / 30 80 ///
WWW.WENDELSTEINBAHN.DE ///

GIPFELSCHÄTZE BERGEN
Wendelstein bei Brannenburg

Früher, so sagt man, haben in den zahlreichen Höhlen des Wendelsteingipfels echte »Bergmanderln« gelebt, hilfsbereite kleine Wesen, die kostbare Schätze in ihren Behausungen horteten. Verirrte sich ein Wanderer, eilten sie herbei und begleiteten ihn ins Tal. Wurde den Sennern die Arbeit zu viel, unterstützten sie die Almhirten heimlich. Und drohten Verarmung und Hunger, versteckten sie auch mal Gold unterm Kopfkissen. Doch wie das bei den Menschen leider oft der Fall ist, erregte der Reichtum dieser freundlichen Alpenbewohner Neid und Habgier. Und irgendwann schlichen sich die Bauern aus dem Dorf in die Höhlen und stahlen alles Gold und Silber. Aber welcher Schreck! Schon am nächsten Morgen war alles wieder weg, und anstelle der Gipfelschätze lag plumpes Eisenerz. Der Berg, dessen Steine sich derart wundersam verwandelt hatten, bekam daraufhin den Namen *Wandel*stein, woraus später *Wendel*stein wurde.

Wer heute die Tour zur Gipfelstation geschafft hat, kann sich eines besonderen Schatzes gleichwohl zeitlos versichert sein: der wunderbaren Aussicht auf die Alpen und das Inntal. Das schönste Panorama eröffnet sich dabei am Wendelsteinkircherl. Wer dann noch weiter als zu Deutschlands höchster Kirche hinaus möchte, der kann dem Fußweg bis zur Wetter- und Sternenwarte folgen und von dort aus sogar bis in fremde Galaxien schauen. Oder die Zahnrad- und die Seilbahn beobachten, wie sie an Gasthof, Sonnenterrasse und Geopark vorbei genüsslich ins Tal gleiten.

Die Suche nach Gold und Silber sollte man freilich anders angehen und sich am besten in die Wendelsteinhöhle hineinwagen, die sich etwas unterhalb der Bergstation befindet. Wer weiß, vielleicht läuft man ihnen ja zufällig über den Weg, den Bergmanderln, in ihrer so fantastisch glitzernden, sagenhaften Behausung …

🚶 Für eine Tagestour können Sie von Brannenburg aus zum Berggasthaus hinaufsteigen und mittags eine Brotzeit am Gipfel genießen. Entspannen Sie dann bei der Talfahrt mit der Zahnradbahn.

KUNSTSCHMIEDE BRANNENBURG /// SCHLOSSSTRASSE 1 ///
D-83098 BRANNENBURG /// 00 49 / 80 34 / 43 34 /// WWW.N-K-B.DE ///

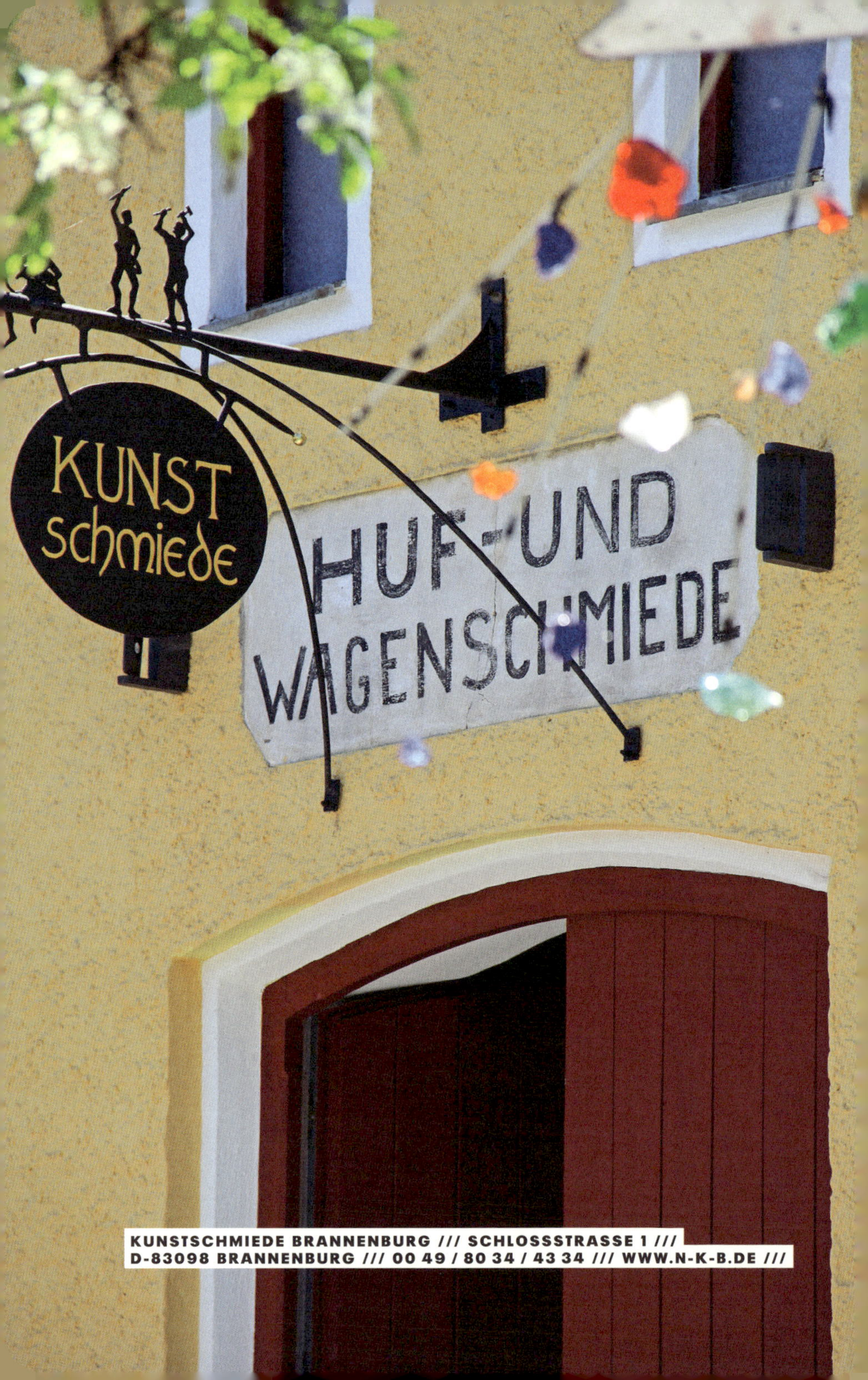

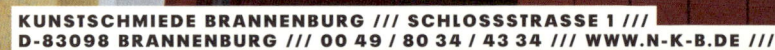

»'S LEEM SCHEE SEI LASSEN«
Kunstschmiede in Brannenburg

Das idyllisch gelegene Brannenburg verfügt über eine jahrhunderte-lange künstlerische Tradition. Unter dem Motto »Pfui Deifi, is des Leem schee!« traf sich hier im 18. und 19. Jahrhundert das »Who is who« der deutschen Kreativszene und verbrachte die Sommermona-te – mal produktiv, mal eher gemütlich – im Umfeld des Schlosses und des nahe gelegenen Gasthofs Schlosswirt. Wer die Werke aus die-ser Zeit betrachtet, kann immer wieder den kleinen Ort entdecken: sei es in den Naturstudien von Anton Braith, in den Ölgemälden von Carl Häfner, in den Landschaftsbildern von Christian Mali und Carl Spitzweg, im *Brannenburger Skizzenbuch* von Wilhelm Busch oder in Max Liebermanns berühmter Genremalerei *Brannenburger Bier-garten*, die sich heute im Pariser Musée d' Orsay befindet.

Es ist der *Neuen Künstlerkolonie Brannenburg* zu verdanken, dass man sich vor Ort dieser Vergangenheit heute wieder bewusst ist. Fast 50 Jahre nachdem mit Karl Caspar und Maria Caspar-Filser die letzten namhaften Vertreter der ursprünglichen Kolonie verstorben waren, gründeten mehr als 120 Kunstbegeisterte 1999 die neue Ge-meinschaft und schufen damit eine Hommage an die Maler von einst sowie ein Forum für das eigene künstlerische Wirken. Dreh- und An-gelpunkt ist dabei die in Eigenregie restaurierte Kunstschmiede di-rekt neben dem Brannenburger Schloss. Hier finden regelmäßig Ver-anstaltungen statt, die von Vernissagen über den Künstlerstammtisch bis hin zu Vorträgen und Dichterlesungen reichen. Besonders stolz ist man, dass das Gebäude einst Wilhelm Busch als Vorlage gedient hat. Wer dessen Geschichte vom Teufel und vom Schmied liest, der wird darin unter anderem den alten Kaminofen wiedererkennen, der heute wie damals aus seinem Eckerl hervorlugt, als wolle er sagen: »Pfui Deifi, mei is des Leem schee!«

🖋 Verbinden Sie den Besuch der Kunstschmiede (Anmeldung er-forderlich) mit einem Gang auf den hervorragend aufbereiteten Themenwegen *Brannenburger Kulturspaziergang* und *Kultur-verführung Degerndorf*!

**NEUBEURER FREIBAD UND BADESEE /// WASSERLEITE 10 ///
D-83115 NEUBEUERN ///**

**WEITERE INFORMATIONEN ERTEILT DIE GÄSTEINFORMATION NEUBEUERN ///
MARKTPLATZ 4 /// D-83115 NEUBEUERN /// 00 49 / 80 35 / 21 65 ///
WWW.KULTURDORF-NEUBEUERN.DE ///**

Manche Orte am Inn sind schlichtweg zu schön, um sie einfach zu passieren. Sie zwingen vielmehr dazu, innezuhalten und Augenblick sowie Ausblick zu genießen. Zweifellos: Der Neubeurer See ist einer dieser Plätze. Ob Wanderer, Nordic Walker oder Fahrradfahrer – wer ihn einmal entdeckt hat, wird immer wiederkommen. Direkt am Inn gelegen, umschlossen von Wiesen, Wäldern und sanften Hügeln, bietet er eine traumhafte Aussicht nach Süden auf die Gipfel des Kaisergebirges sowie nach Norden, wo das mittelalterliche Schloss Neubeuern stolz über der kleinen Gemeinde thront.

An diesem beliebten Ferienort erfährt der Inn landschaftlich eine deutliche Veränderung: Waren seine südlicheren Abschnitte noch eng von den Ausläufern der Alpen umgeben, öffnet sich an dieser Stelle das Umland bereits, und die Moränenwälle des Inngletschers sowie die Flussterrassen werden markanter. Spätestens hier bei Neubeuern wird ersichtlich, dass sich unser grüner Fluss langsam aber sicher von einem alpinen in ein voralpines Gewässer wandelt, das merklich gemächlicher dahinfließt.

Man sollte den Neubeurer See als eine Gelegenheit sehen, sich Zeit zu nehmen, diese einzigartige Natur mit den ihr eigenen Mischungen aus Ruhe und Schönheit auf sich wirken zu lassen. Sei es beim Baden, Schlauchbootfahren, Sonnen, Verweilen auf der Badeinsel, Beachvolleyball, Minigolf oder einer gepflegten Partie Tischtennis. Während die kleineren Gäste sich im überdachten Sandkasten tummeln, sitzt die etwas ältere Generation gerne im Seecafé im Schatten der Weiden, Eschen und Pappeln und genießt den Blick auf die schöne Landschaft.

    Der Neubeurer Badesee ist der ideale Ort, um mit dem Nachwuchs eine Partie Beachvolleyball zu spielen. Der Kinderspielplatz verfügt über ein niedrigeres Netz und bietet Spaß für Groß und Klein.

**FESTE UND VERANSTALTUNGEN LOCKEN IM SOMMER AUF DEN
HISTORISCHEN MARKTPLATZ /// D-83115 NEUBEUERN ///**

**NÄHERE INFORMATIONEN ERHALTEN SIE VON DER ///
GÄSTEINFORMATION NEUBEUERN /// MARKTPLATZ 4 ///
D-83115 NEUBEUERN /// 00 49 / 80 35 / 21 65 ///
WWW.KULTURDORF-NEUBEUERN.DE ///**

»Das ist die schönste Aussicht im bayrischen Gebirg!«, soll der bayerische König Maximilian I. voller Begeisterung ausgerufen haben, als er vor gut 200 Jahren das erste Mal den kleinen Markt Neubeuern aufsuchte. Wer es ihm heute nacheifert, kann den Seufzer des »Kinis« sicherlich uneingeschränkt nachvollziehen und verstehen, warum die oberbayerische Kommune 1981 zum schönsten Dorf Deutschlands gekürt wurde. Die Siedlung ist geschichtlich sowie landschaftlich einmalig und in vielerlei Hinsicht einen Besuch wert.

Die Marktgemeinde war bis in das 19. Jahrhundert hinein von der Innschifffahrt geprägt und prosperierte dank des Transports von Kalksteinen, Nagelfluh und Granit aus den nahe gelegenen Steinbrüchen in Flintsbach, Nußdorf, Brannenburg und Rohrdorf. Noch heute zeugt der historische Marktplatz von dieser Blütezeit. Mit der Kirche Mariä Empfängnis, dem Floriansbrunnen, der Burgmauer und den bunten Häuserzeilen mit der charakteristischen Lüftlmalerei bildet er ein geschichtsträchtiges Ensemble, das zu den schönsten Südbayerns zählt und in den Sommermonaten durch eine opulente Blumenpracht zusätzlich beeindruckt.

Wer sich von diesem einzigartigen Stadtbild lösen kann und den Blick hebt, dem fällt das nicht weniger imposante, im 12. Jahrhundert angelegte Schloss Neubeuern ins Auge. Heute als Eliteinternat genutzt, zieht es Schüler aus ganz Europa in die kleine Gemeinde und verleiht dieser einen guten Schuss internationales Flair.

Besonders schön wird es am Neubeurer Marktplatz bei der *Marktbeleuchtung*, die seit mehr als 50 Jahren immer um die Sommersonnenwende herum gefeiert wird: Dann lassen Tausende von Kerzen den Marktplatz erstrahlen und schaffen eine wundervolle Atmosphäre.

☞ Der gut beschilderte, abwechslungsreiche Schiffleutwanderweg führt Sie vom Neubeurer Marktplatz aus über insgesamt elf Stationen durch den Ort und seine Umgebung – ein perfekter Halbtagesausflug!

ZU EINER WANDERUNG ZUM HOCHRIES BEI SAMERBERG STARTET MAN
AM PARKPLATZ IN SPATENAU /// 83122 SAMERBERG ///

ALTERNATIV KOMMT MAN MIT DER HOCHRIESBAHN VON GRAINBACH
DIREKT ZUR HOCHRIESHÜTTE VON FLORIAN UND ELKE ROBL ///
HOCHRIES 1 /// D-83122 SAMERBERG /// 00 49 / 80 32 / 82 10 ///

DEN HAUSBERG HINAUFSCHWEBEN

Hochries bei Samerberg

Wenn das Wetter auch nur »ein bisserl schön« ist, zieht es die Rosenheimer fast schon magisch in die Berge. Zu verführerisch sind diese in der Alpengegend, in der die Gipfel die Bewohner jeden Morgen mit einem Strahlen begrüßen. Also nichts wie raus aus der Stadt und hin zu den Rosenheimer Hausbergen, die sich einen Katzensprung entfernt über das Flusstal erheben!

Unter diesen Größen, zu denen alpine Giganten wie die Kampenwand oder der Wendelstein zählen, hat sich die Hochries einen Platz hoch oben in der Beliebtheitsskala der Rosenheimer und ihrer Gäste gesichert: Der Aussichtsberg der Extraklasse gilt als wahrer Logenplatz, um das liebliche Voralpenpanorama mitsamt Simssee und Chiemsee, die Aussicht auf das Inntal mit dem Rosenheimer Becken sowie auf die schneebedeckten Gipfel der Hohen Tauern, des Watzmanns oder des Kaisergebirges zu genießen. Aber nicht allein für Freunde landschaftlicher Ästhetik ist der Aufstieg zur 1.569 Meter hohen Gipfelhütte ein echtes Muss. Ebenso Anhänger aktiver Betätigung wissen das schier unendliche Angebot an Freizeitmöglichkeiten rund um die Hochries zu schätzen. Die Hochries ist ein Paradies für Sportler, Naturbegeisterte und Erholungssuchende und kann zu Fuß, mit dem Mountainbike, auf Skiern und sogar im Flugdrachen oder Gleitschirm erkundet werden.

Freilich muss man sich jedoch nicht zwingend körperlich verausgaben, um die wunderschöne Landschaft und die gutbürgerlichen Schmankerl in der Hochrieswirtschaft von Florian und Elke Robl genießen zu können. Eine Fahrkarte reicht bereits, und man schwebt mit der Hochriesbahn gemütlich zur Bergspitze und kann unter dem Gipfelkreuz bei Sonnenschein und Kaffee das herrliche Panorama auf sich wirken lassen.

✍ Eine schöne, gut beschilderte Tagestour führt Sie vom Parkplatz in Spatenau über die Wimmeralm und die nicht bewirtschafteten Seitenalmen zum Hochriesgipfel.

**MOORSTATION NICKLHEIM /// PANGER STRASSE ///
D-83064 RAUBLING ///**

**WEITERE INFORMATIONEN SIND ERHÄLTLICH ÜBER DIE
GEMEINDE RAUBLING /// BAHNHOFSTRASSE 31 /// 83064 RAUBLING ///
00 49 / 80 35 / 87 05 43 /// WWW.RAUBLING.DE ///**

»GIMME MOOR« JODELN

Moorstation Nicklheim in Raubling

18

»Am besten, Sie kommen in zwei Wochen noch einmal, dann ist es sogar noch schöner!« Ach, wenn es doch nur so einfach wäre! Gerne würde man dem Rat des netten Herrn folgen, der seit seiner Pensionierung regelmäßig in die Rosenheimer Stammbeckenmoore radelt und von seinem Bankerl aus die abwechslungsreiche Landschaft genießt. Denn streng genommen trifft seine Aussage das ganze Jahr über zu: Das Hochmoor übertrifft sich regelmäßig in seiner Anmut und Ästhetik. Im Frühjahr, wenn sich die ersten Blüten zaghaft aus dem Schnee schälen und die Zugvögel in das Stammkonzert von Rot-, Blau-, Braun- und Schwarzkehlchen einstimmen. Im Sommer, wenn das artenreiche Moor in satteste bunte Töne getaucht ist und die wundersamsten Libellenarten durch Heiden, Rauschbeeren, Kiefern- und Birkenwäldchen schweben. Im Herbst, wenn sich bunte Blätter, tiefschwarze Moorböden, glitzerndes Wasser und blauer Himmel zu einer einzigartigen Farbpracht vereinen, oder im Winter, wenn die Tage kürzer werden und klare Luft und absolute Ruhe zum Durchatmen und Entspannen einladen.

Bei aller Schönheit dieses Naturschutzgebiets, das die größte renaturierte Moorfläche in ganz Mitteleuropa darstellt, mag man es kaum glauben, dass hier noch im 19. Jahrhundert großflächig Torf abgebaut und die Landschaft dabei tiefgreifend geschädigt worden ist. Umso bedeutsamer, dass das Hochmoor heute nicht nur Erholungsraum ist, sondern mit seinem Besucherzentrum wissbegierige Naturfreunde anzieht, die sich über die Fehler der Vergangenheit kundig machen können.

»Ach ja, eines habe ich vergessen«, fügt der ältere Herr eifrig hinzu. »Sonnenaufgang und Sonnenuntergang sind besonders schön!« Wie einfach manche Wahrheiten angesichts solcher Naturpracht doch sein können …

🌿 Das Moor ist durch ein behindertengerechtes Wegenetz für alle gut erschlossen. Für interessierte Naturliebhaber bieten sich die geführten, pädagogischen Moorwanderungen an.

ALLE ALTERSKLASSEN GENIESSEN EINE AUSZEIT IM CAFÉ DINZLER IN DER KUNSTMÜHLE /// KUNSTMÜHLSTRASSE 12 /// D-83026 ROSENHEIM /// 00 49 / 80 31 / 4 08 25 31 /// WWW.DINZLER.DE ///

EIN »KAFFEETSCHERL« ZWITSCHERN

Café Dinzler in der Kunstmühle in Rosenheim

Was ist das für ein Vergnügen für die kleine Magdalena, wenn sie mit Mama und Papa ins Café Dinzler darf! Herrlich duftet es dort, und wunderschön sieht es außerdem aus, mit all den gemütlichen Tischen, Sofaecken und Kaffeebars. Doch was wäre ein Besuch ohne den leckeren Kuchen oder das köstliche selbst gemachte Eis? Ohne einen frisch gebrühten Kinder-Cappuccino, bei dem es sich gleich viel besser mitbrabbeln lässt? Denn Mama und Papa haben immer ganz viel zu bequatschen, wenn sie ihr »Kaffeetscherl« beim Dinzler zwitschern, und wenn die beiden glücklich sind, dann freut sich die Magdalena allemal doppelt so sehr.

Natürlich ist das Café Dinzler in der Rosenheimer Kunstmühle für alle Altersklassen ein faszinierender Ort. In der liebevoll restaurierten Kulisse der historischen Mühle, deren »herrlicher Anblick« schon 1865 im Reiseführer von Ludwig Gassner gepriesen wird, ist ein Kaffeehaus entstanden, das alle Sinne anspricht und keine Wünsche offen lässt. Ob in gediegener Loft-Atmosphäre, in gemütlichen Lounge-Sesseln oder auf der Terrasse beim sommerlichen Plätschern des Mangfallkanals – beim Dinzler findet ein jeder sein Platzerl, um die große Auswahl an warmen und kalten Getränken, Kuchen und Snacks sowie die frisch gerösteten Kaffeespezialitäten des Hauses zu genießen. Besonders erwähnenswert ist natürlich die hervorragende Qualität des Kaffees, der weit über die Region hinaus bekannt ist und sich seinen festen Platz in der Spitzengastronomie verdient erobert hat.

Entspannen, ratschen und schlürfen und es sich dabei richtig gut gehen lassen … Man kann sagen, was man will, aber von echter Lebensqualität, da versteht die Magdalena mit ihren zwei Jahren schon richtig viel!

🐦 Eine Augen- und Gaumenweide sind die Führungen durch die Kunstmühle, die Einblicke in die Rosenheimer Industriegeschichte mit einem exklusiven Menü im Café stilvoll verbinden.

Auf den Spuren der Rosenheim Cops

Treffpunkt
Erlebnisstadtführung

ERLEBNISSTADTFÜHRUNG »AUF DEN SPUREN DER ROSENHEIM-COPS« ///
TREFFPUNKT: PARKHAUS P1, SEITENEINGANG /// HAMMERWEG 1 ///
D-83022 ROSENHEIM ///

NÄHERE INFORMATIONEN ERTEILT DIE TOURISTINFO ROSENHEIM ///
HAMMERWEG 1 /// D-83022 ROSENHEIM /// 00 49 / 80 31 / 3 65 90 61 ///
WWW.TOURISTINFO-ROSENHEIM.DE ///

EINMAL BULLE SEIN

Wenn Kulturen aufeinanderprallen, dann kann diese Begegnung durchaus einen besonderen Charme entfalten. Gerade den Bayern vom Lande wird gerne nachgesagt, dass sie etwas »fremdeln«, wenn »Stoderer« aus München oder gar »Preißn« aus dem hohen Norden in ihrer geliebten Heimat auftauchen und die vertraute Welt erst einmal gehörig durcheinanderbringen.

In gewisser Weise ist diese Thematik des Fremd- und Vertrautseins auch ein Grundgedanke der beliebten Fernsehserie *Rosenheim-Cops*, die seit 2002 im ZDF ausgestrahlt wird. Darin dreht sich alles um gestandene Polizeibeamte wie den Hofer Korbinian und den Prantl Flori, die ein entspanntes Leben führen, bis ihnen Fortuna plötzlich einen »zuagroast'n« Kollegen aus der fernen Großstadt zuteilt. Spätestens dann wird das oberbayerische Naturell schwer auf die Probe gestellt, und die Lösung kleinerer sowie größerer Verbrechen tritt angesichts der Integrationsarbeit in den Hintergrund. Das Ergebnis? Eine ebenso liebenswerte wie humorvolle Serie, die nicht an Anspielungen spart und damit offenlegt, wie überholt kulturelle Klischees in unserer Gesellschaft heute sein mögen.

Wer sich auf die Spuren der Rosenheim-Cops begeben möchte, den lädt die Stadt mit einer kurzweiligen, circa eineinhalbstündigen Erlebnistour herzlich dazu ein. Während der Führung besuchen die Teilnehmer prominente Schauplätze der Serie wie etwas das Polizeirevier – das in Wahrheit das Rathaus ist – oder den Max-Josefs-Platz. Darüber hinaus erhalten sie tolle Eindrücke der Rosenheimer Innenstadt mit ihrer Fußgängerzone und den vielen Sehenswürdigkeiten, die bei den *Rosenheim-Cops* völlig zu Unrecht zumeist nur eine Nebenrolle spielen.

☞ Die Stadt bietet eine Vielzahl weiterer Themenführungen, deren Bandbreite vom klassischen Stadtrundgang über kulinarische Erkundungen bis hin zu schaurigen Streifzügen durch das nächtliche Rosenheim reicht.

APOTHEKERGARTEN IM RIEDERGARTEN /// ECKE RATHAUSSTRASSE /
BISMARCKSTRASSE /// D-83022 ROSENHEIM ///

ALTE APOTHEKE ROSENHEIM /// LUDWIGPLATZ 21 ///
D-83022 ROSENHEIM /// WWW.ALTEAPOTHEKE-ROSENHEIM.DE ///

Schlimm sind sie, diese Alltagsleiden der heutigen Zeit! Und umso heftiger treten sie auf, wenn einen die Hektik des Stadtlebens so richtig erwischt hat: Da schmerzen die Füße, der Schädel brummt, und man sehnt sich nur noch nach einem Platzerl, um abzuschalten und wieder zu Kräften zu kommen – sei es allein für die nächste Runde im Sommerschlussverkauf.

Eine solche Oase der Ruhe ist der Apothekergarten in Rosenheim. Das Kleinod, auf das die Einheimischen besonders stolz sind, befindet sich im Herzen der historischen Altstadt, nahe des Mittertors und des belebteren Salingartens. Der Garten vereint Tradition und Moderne und vermittelt zugleich eine mediterrane Atmosphäre. Seine Geschichte geht bis in das Jahr 1729 zurück, als der Stadtapotheker Johann Rieder begann, Kräuter für seinen Laden selbst zu züchten. 2010 wurden sich die Rosenheimer dieses Teils der Stadthistorie wieder bewusst und gestalteten das alte Gelände anlässlich der Landesgartenschau neu. Heute sind zwischen Zierpflanzen, Rosensträuchern und schattigen Bäumen zehn Beete angelegt, die nach Krankheitsbildern unterteilt wurden. Das Wirkungsspektrum der mehr als 100 Heilkräuter reicht von Magen-Darm-Beschwerden über Erkältungen bis hin zu Gelenkschmerzen.

Man muss sich wahrlich nicht im Shoppingstress befinden, um die Idylle und Beschaulichkeit dieses Apothekergartens inmitten von duftendem Lavendel, Minze und Thymian schätzen zu können. Zu jeder Gelegenheit lädt dieses schöne Fleckchen Erde ein, die Stille jenseits des Innenstadttrummels zu genießen. Und damit den ersten Schritt zu einem beschwerdefreien Leben zu gehen.

☞ Besuchen Sie auch die Alte Rieder'sche Apotheke am Ludwigsplatz mitsamt historischem Kräuterkammerl, und lassen Sie sich einen individuellen Tee aus über 500 Kräutern und Gewürzen mischen.

INN-MUSEUM ROESENHEIM /// INNSTRASSE 74 ///
D-83022 ROSENHEIM /// 00 49 / 80 31 / 3 05 01 ///
WWW.ROSENHEIM.DE/KULTUR-FREIZEIT/INN-MUSEUM.HTML ///

URSPRÜNGE ERGRÜNDEN

Inn-Museum in Rosenheim

Die Geschichte des Inns als bedeutender Transportweg lässt sich zurück bis in die Zeit der Kelten und Römer verfolgen, als die ersten Güter flussabwärts befördert wurden. Während der Hochphase im 13. Jahrhundert führten zahlreiche prosperierende Städte und Märkte entlang des Inns zu einem stetig wachsenden Warenaufkommen. Auf Plätten – mächtigen Holzschiffen mit geringem Tiefgang – wurden Salz, Getreide oder Tabak sicher transportiert, mitunter sogar in Kolonnen und mit Unterstützung von Zugtieren am Ufer.

Mit dem Siegeszug der Eisenbahn und dem Kraftwerksbau endete die erfolgreiche Tradition der Innschifferei im 19. Jahrhundert jedoch abrupt. Dass deren interessante Geschichte und wesentlicher Einfluss auf die Region nicht in Vergessenheit geraten, ist zu einem großen Teil dem Rosenheimer Inn-Museum zu verdanken. Die Ausstellung in dem 1986 eröffneten, aufwendig renovierten historischen Bruckbaustadel aus dem 17. Jahrhundert bietet einen informativen Einblick in die Historie der Innschifferei. Zahlreiche Exponate, darunter Modelle von Schiffen und Schiffszügen, Votivtafeln sowie allerlei historisches Arbeitsgerät, veranschaulichen eindrucksvoll die früheren Ingenieurs- und Logistikleistungen.

Insbesondere der großzügige Außenbereich macht das Museum zu einem außergewöhnlichen Ort: Hier kann man unter anderem eine historische Arche, Faschinenbauten und originale moderne Hochwasserschutzeinrichtungen wie Deiche und Flutmauern im Inn bestaunen. Eine Reihe abstrakter Kunstwerke – darunter ein Metallband, das den Flusslauf maßstabgetreu nachbildet und von regionaltypischen Gesteinen gesäumt wird – verleiht dem Freilichtmuseum eine eigene Note. Gerade bei schönem Wetter lädt die Ausstellungsfläche unter freiem Himmel zum Verweilen ein.

🖋 Den flussabwärts gelegenen Abschluss bildet eine eindrucksvolle Stahlblechsilhouette, die maßstabgetreu einem historischen Schiffszug nachempfunden ist.

Getränke

- Maß 6⁶⁰
  (Helles (Radler)
- Helles 0,5 3⁵⁰
- Weißbier 0,5 3³⁰
- Leichte 0,5 3³⁰
  Weiße
- 1543 0,5 3³⁰
- Goaßen 8⁹⁰
  Maß

MAILKELLER /// SCHMETTERERSTRASSE 20 /// D-83022 ROSENHEIM ///
00 49 / 80 31 / 3 54 99 88 /// WWW.MAILKELLER.COM ///

AUF DEN KELLER GEHEN

Ja, mei, eigentlich ist in Bayern die Frage nicht allzu schwer zu klären, wo man in der schönen Jahreszeit am besten ein Hendl, eine Mass oder ein Spezi genießt. Denn im Grunde gibt es nur eine richtige Antwort: im Biergarten. In Rosenheim ist das allerdings nicht ganz so einfach, denn hier werben gleich mehrere Wirtschaften um die Gunst der durstigen und hungrigen Seelen. Gutes Essen, zünftige Gemütlichkeit und natürlich die alles überstrahlende Qualität der Biere, die mit Auszeichnungen überhäuft werden und Rosenheim den Titel der »Bierstadt« eingebracht haben. Und dennoch: Den Mailkeller – da sind sich die Rosenheimer einig –, den muss man erlebt haben.

Der große Biergarten besticht nicht nur mit seinen wunderschönen Kastanien, die schon zahllosen bierseligen Generationen Schatten und einen starken Stamm zum Anlehnen gegeben haben, sondern hält zudem darunter eine echte Überraschung bereit: Wenn man das Trepperl beim »Mail« hinabsteigt in die stilvoll restaurierten Kellerräumlichkeiten, atmet man die Luft jahrhundertealter Rosenheimer Brautradition, die einst mehr als 15 Betriebe umfasste. An diesem Ort erbaute Wolf Eder, der Gründer der weltberühmten Flötzinger-Brauerei, im Jahre 1645 seinen *Bierkeller am Roßacker*. Hier lagerte er seinen Gerstensaft kühl und sicher vor den Innhochwassern und schenkte den Durstigen das ein oder andere Masserl aus.

Wer also genau wissen möchte, was es mit der traditionellen Rosenheimer Freizeitbeschäftigung »Gang auf den Keller« auf sich hat, der sollte nunmehr allen Grund haben, »dem Mail« einen Besuch abzustatten – allein zu Recherchezwecken natürlich!

☞ Im Sommer ist immer freitags Steckerlfischtag, den man sich in keinem Falle entgehen lassen sollte!

MANGFALLPARK /// RATHAUSSTRASSE 25 /// D-83022 ROSENHEIM ///

NÄHERE INFORMATIONEN ZUM ROSENHEIM SOMMERFESTIVAL
ERHALTEN SIE BEI DER LANDESGARTENSCHAU ROSENHEIM 2010 GMBH ///
MÖSLSTRASSE 27 /// 0 80 31 / 3 65 17 96 ///
WWW.ROSENHEIM-SOMMERFESTIVAL.DE ///

In gewisser Weise kann man einen Fluss mit dem menschlichen Gemüt vergleichen. Mal läuft es friedlich, mal etwas aufgeregter, und manchmal, da kracht es so richtig. Nicht wenige würden dem Inn ein solch wechselvolles Temperament zusprechen, das letztendlich auch für seinen Beinamen »der Schäumende« verantwortlich sein mag.

Wie wir aus zahlreichen Ratgebern wissen, kann eine ruhige bessere Hälfte eine ausgleichende Wirkung auf einen aufbrausenden Ehemann ausüben. Übertragen wir diese Erkenntnis auf unseren Inn, dann wäre die Mangfall wohl seine perfekte Partnerin: Etwas kleiner und dem beschaulichen Tegernsee entsprungen, trifft sie nach 58 Kilometern zumeist sanften Dahinfließens schließlich auf ihren oftmals schäumenden Inn. Doch wer nun glaubt, dass damit die Liebesgeschichte ihr vorzeitiges Happy End gefunden hat, der hat die durchaus charakterstarke Mangfall noch nicht in Rage erlebt! Ist sie in Wallung und prallt auf einen tobenden Inn, wird ihre Begegnung zur Analogie eines zünftigen Ehekraches, mit allerlei zerstörtem Inventar inklusive.

Aber halt! Wie die meisten Ehepaare sind auch Inn und Mangfall den größten Teil der Zeit ein Herz und eine Seele und plätschern in harmonischer Gelassenheit gemeinsam durchs Leben. Der Mangfallpark bietet für diese Idylle die optimale romantische Kulisse: Nur wenige Schritte von der Rosenheimer Altstadt entfernt, lädt er mit Promenadenwegen, Spielplätzen und lauschigen Sitzgelegenheiten zum Entspannen ein – alleine oder zu zweit. Möchte ein Paar seiner Verbundenheit symbolisch Ausdruck verleihen, das kann dies am besten auf dem kleinen Flusssteg und dort mit Blick auf unser unzertrennliches Duo sein Liebesschlösserl festketten – wie viele glückliche Pärchen zuvor.

✿ Das beliebte Open-Air-Konzert *Rosenheim Sommerfestival* findet alljährlich im Mangfallpark statt. Freunde von Pop und Rock reservieren frühzeitig, denn das Event ist rasch ausverkauft.

ST. LEONHARDSQUELLE /// MÜHLTHALWEG ///
D-83071 STEPHANSKIRCHEN /// WWW.ST-LEONHARDS-QUELLE.DE ///

HEILWASSER TANKEN

St. Leonhardsquelle in Stephanskirchen

Reist man mit offenen Augen am Inn entlang, entdeckt man immer wieder die Spuren des heiligen Leonhard, der vielerorts als »Bayerischer Herrgott« verehrt wird. Er gilt als Schutzheiliger aller in der Landwirtschaft Tätigen, wird aber ebenso bei den unterschiedlichsten Malaisen um Hilfe angerufen. Daher mag es wenig verwundern, dass der von allerlei heftigen Leiden geplagte Christoph Riel im Jahre 1734 selig war, als ihm eben dieser Patron eines Nachts im Traum erschien und ihn auf eine Heilquelle nahe Rosenheim hinwies. Der Erkrankte, so die Sage, machte sich flugs auf den Weg zum sprudelnden Wasser, labte sich daran und wurde alsbald vollständig geheilt.

Besucher, die sich heute durch die Innauen in den Stephanskirchener Ortsteil Bad Leonhardspfunzen zur Quelle begeben, können in der pittoresken St.-Leonhards-Kapelle Votivtafeln und Holzkrücken bestaunen, die an die erste Heilung Riels sowie zahlreiche nachfolgende erinnern. Auf dem Platz vor der kleinen Kirche gibt die Leonhardsquelle an einem Brunnen ihr kostbares Nass plätschernd preis. Hier, heißt es, finden gerade diejenigen Genesung, die an Erkrankungen der Augen und des Verdauungsapparates leiden. Und wenn das Wasser gar bei Vollmond abgefüllt wird, soll es weitere besondere Kräfte entfalten.

Schon aufgrund der großen Anzahl an überlieferten Heilungen überrascht es nicht, dass tagtäglich mehrere Menschen zur Quelle kommen und sich Wasser kostenlos abfüllen, umrahmt von Zuschauern, die dem Treiben mit etwas Abstand entspannt folgen. Denn Hektik muss wirklich keine aufkommen, zumal nur wenige Meter weiter ein großer Getränkehersteller eine Abfüllanlage errichtet hat, dank derer man sich sein Heilwasser ganz bequem nach Hause liefern lassen kann.

🖋 Stellen Sie sich einer sportlichen Herausforderung und radeln Sie den Wald hinauf zur nahe gelegenen Leonhardspfunzener Kirche – die Aussicht wird Sie dafür entlohnen!

Rott, jene kleine Gemeinde, die so anmutig auf einer Flussterrasse über dem Inn liegt, ist weit über Bayern hinaus bekannt. Das ist allerdings nur zu einem Teil der traumhaften Lage und auch nicht allein den zahlreichen Persönlichkeiten zu verdanken, die hier gelebt haben, wie dem barocken Kirchenmaler Hans Georg Asam oder dem bayerischen Ministerpräsidenten Franz Josef Strauß. Vielmehr ist Rotts vorauseilender Ruf auf die Klosterkirche St. Marinus und St. Anianus zurückzuführen, die als herausragendes Rokokobauwerk weltweites Ansehen genießt.

Die Geschichte des Klosters reicht weit in die Vergangenheit bis in das Jahr 1083 zurück. Damals stiftete der Pfalzgraf Kuno von Rott in Gedenken an seinen einzigen, im Krieg gefallenen Sohn große Teile der Markung dem Benediktinerorden. Die weiland gegründete Anlage beherbergte diesen bis zur Säkularisation 1803 und prägt noch heute das Ortsbild Rotts.

Aber was wären der Klosterkomplex und die Gemeinde dieser Tage ohne Benedikt Lutz? Als der gebürtige Kitzbüheler 1757 zum Abt gewählt wurde, entschied er sich dazu, die schon arg in die Jahre gekommenen Gebäude zu sanieren, die ursprüngliche romanische Basilika abzureißen und an ihrer Stelle ein modernes Gotteshaus bauen zu lassen. Dank seines außerordentlichen ästhetischen Gespürs konnte er hierfür ein Künstlerensemble gewinnen, das damals zur absoluten Elite Europas gehörte, allen voran der kurkölnische Baumeister und bayerische Hofbaumeister Johann Michael Fischer, der bedeutende Bildhauer Ignaz Günther und der Deckenmaler Matthias Günther. Sie schufen gemeinsam eine einzigartige Rokokokirche, die bereits bei ihrer Fertigstellung 1763 durch die Harmonie von Raum und Ausstattung für große Begeisterung sorgte. Eine Begeisterung, die bis in die Gegenwart anhält.

🕊 Lassen Sie Ihren Besuch im traditionsreichen Landgasthof Stechl ausklingen. Dort fand 1957 die Hochzeitsfeier von Franz Josef Strauß und seiner frisch angetrauten Ehefrau Marianne statt.

STRAUSS
FAMILIEN
GRUFT
→

Wird bitte beide
Türen offen halten!

ROTTER ACHSE /// KLOSTER ROTT /// D-83543 ROTT AM INN ///

GERADEWEGS DURCHS LEBEN SCHREITEN
Rotter Achse im Kloster Rott am Inn

Stolpersteine über Stolpersteine, und das auf der gesamten Strecke! Ein Ärgernis? Ganz sicher nicht! Vielmehr ein spezieller Weg, sich den eigenen Lebensverlauf vor Augen zu führen. Und ein gelungenes Beispiel für eine Erneuerungsmaßnahme, die einen kleinen Ort nachhaltig bereichert.

Die Rotter Achse erschließt sich dem Passanten nicht beiläufig, sondern wird vielmehr erst Schritt für Schritt erfahrbar. Jeder Stolperstein, der überwunden wird, steht für ein geschichtsträchtiges Datum. Richtet man den Blick nach vorne, eröffnet sich eine einzigartige Perspektive des Weges. Besonders markant wird diese, wenn wir vom Abt-Benedikt-Lutz-Brunnen aus durch die Türen des Rotter Klosterflügels hindurch auf den Zeitbaum *ecclesia et mundus* schauen. Dessen hell leuchtende Stele markiert den Eingang des Friedhofes und damit zugleich das Ende der Achse. Die Gravuren mit Texten von Paul Celan und Augustinus laden zur philosophischen Auseinandersetzung mit Zeit und Welt ein. Spätestens angesichts dieses Kunstwerks wird deutlich, dass die Rotter Achse in vielfältiger Hinsicht auch ein Symbol für Vergänglichkeit darstellt, und dass ein jeder unserer Schritte durchs Leben immer begleitet wird von unserer aller Geschichte, unseren Vorfahren und deren Wirken.

Es ist dem Künstlerehepaar Hannah und Toni Stegmayer zu verdanken, dass die Rotter Achse um diese kreative Komponente bereichert und so zu einem Gesamtkunstwerk geworden ist, das die Kirchen- und Gemeindegeschichte Rotts als Anlass nimmt, sich mit der zeitlichen Dimension des Seins auseinanderzusetzen. Eine durchaus gelungene Hinführung zu einer der wohl prominentesten Grabstätten Bayerns, in der Bayerns Ministerpräsident Franz Josef Strauß zusammen mit seiner Frau die letzte Ruhestätte gefunden hat.

☞ Die Rotter Achse führt an mehreren Grünanlagen vorbei, die zum Sinnieren über all die wunderschönen Dinge einladen, die unseren eigenen Lebensweg einzigartig machen.

INS NATURSCHUTZGEBIET VOGELFREISTÄTTE INNSTAUSEE BEGINNT EIN
WANDERWEG AM FISCHERSTÜBERL ATTEL /// ELEND 1 ///
D-83512 WASSERBURG AM INN /// 00 49 / 80 71 / 25 98 ///
WWW.FISCHERSTUEBERLATTEL.DE ///

INNFISCHE IN INNAUEN VERSPEISEN

Richtig krachen lassen haben es beide, damals, in der guten alten Zeit, zwischen den zwei Kriegen, im kleinen Pfarrdorf Attel. Zum einen der Inn, der wilde und unbändige Fluss, der seine umgebenden Auen mal mehr, mal weniger überschwemmte. Zum anderen der Kindseder Otto, ein stattlicher Mann und großer Hallodri, der die Frauen so leicht um die Finger wickeln konnte, wie ihm sein Geld durch eben diese zerrann. Das Ergebnis? Irgendwann wurde den Attelern das ganze unkontrollierte Rinnen und Fließen zu bunt. Der Otto musste sein Anwesen verpfänden, und der Inn wurde eingedämmt und begradigt.

Wer heute nach Attel reist, wird von den Folgen der damaligen Geschehnisse positiv überrascht sein: Aus dem Haus vom Kindseder Otto, das malerisch unterhalb des ehemaligen Benediktinerklosters liegt, ist mit dem *Fischerstüberl Attel* ein kulinarisches Kleinod entstanden, und aus dem ehemals ungezähmten Innabschnitt das Naturschutzgebiet *Vogelfreistätte Innstausee*, das mit seinen vielen Pfaden zum Wandern einlädt. Eine ideale Kombination für einen Tagesausflug!

Direkt neben der *Fischerstüberl* beginnt der sechs Kilometer lange Weg nach Wasserburg, der mitten durch die *Vogelfreistätte* führt. Auf den 562 Hektar Fluss- und Verlandungsflächen, Auwald und bewaldeten Steilufern tummeln sich unzählige typische Auenbewohner, vom Eisvogel über den Laubfrosch bis hin zum Biber im Schatten der mächtigen Silberweiden, Pappeln und Erlen. Mit etwas Glück kann man im Wasser sogar den ein oder anderen Edelfisch wie die Nase und den Huchen erkennen. Und wen da der Hunger packt, der kehrt beim Fischergust in Attel ein, der mit feinstem, frisch zubereitetem Fisch aus der Region aufwartet.

✍ Wer nach der Wanderung noch Kondition hat, der steigt das Trepperl vom Fischerwirt hoch zur barocken ehemaligen Klosterkirche St. Michael.

WASSERBURGER AUSSICHTSTURM /// AM AUSSICHTSTURM ///
D-83512 WASSERBURG ///

SCHLOSS WEIKERTSHAM /// WEIKERTSHAM 11 ///
D-83512 WASSERBURG /// 00 49 / 80 71 / 5 13 38 ///
WWW.SCHLOSS-WEIKERTSHAM.DE ///

Als »Luginsland«, so heißt es zumindest im Deutschen Wörterbuch der Gebrüder Grimm, bezeichnete man einst Wachtürme, die freie Sicht über die Gegend gewährten und der frühen Abwehr feindlicher Streitkräfte dienten. Diese Funktion erfüllte das alte Observatorium allerdings nicht, das sich anmutig im Osten des Städtchens Wasserburg über die Landschaft erhebt. Mit einem Rundblick weit über das Inntal hinaus und bis tief in das Tertiärhügelland hinein, wurde der Aussichtsturm 1854 von den Bewohnern des Ortes erbaut, um den Fremdenverkehr in der Region anzukurbeln. Und dennoch: Letztendlich hat das Bauwerk eine Vielzahl von »Luginslands« hervorgerufen.

Der Begriff, der seit dem 15. Jahrhundert erwiesenermaßen existiert, bezeichnete nämlich nicht nur die Warttürme selbst, sondern auch die Menschen, die auf diese stiegen und sich dann vom atemberaubenden Panorama nicht losreißen konnten. Und von diesen gibt es bis heute in Wasserburg noch etliche. Einmal die Treppen zur Aussichtsplattform erklommen, verliert man sich zwangsläufig in der Umgebung mit all ihren malerischen Feldern, Wiesen und Wäldern.

Doch man muss nicht in die Ferne schweifen, denn ein wahrer Schatz befindet sich gleich zu Füßen des Turmes: In den 1990er-Jahren hat Martina Pfeiffer in unmittelbarer Nähe das damals baufällige Schloss Weikertsham erworben, es stilecht restauriert und ein wunderbares Bed-and-Breakfast-Hotel daraus gemacht. Nicht nur erschöpfte »Luginslands« können hier nach der Turmbesteigung wieder zu Atem kommen. Zwei mit einzigartigen Antiquitäten ausgestattete Gästezimmer laden jedermann ein, sich in gepflegter Umgebung ein Nickerchen zu gönnen.

   Der Turmschlüssel ist in der Gästeinformation Wasserburg sowie beim nahe gelegenen Gasthof Huberwirt in der Salzburgerstraße 25 erhältlich.

IM BADEPARADIES PLANTSCHEN

Freizeitzentrum Badria in Wasserburg am Inn

»Eh klar!«, mag manch einer meinen. »Wenn eine Stadt schon Wasserburg heißt und am Inn liegt, werden die da auch was von Bädern verstehen!« Aber ein simples Schwimmbecken? Das wäre den Wasserburgern dann doch etwas zu profan gewesen. Mit ihrem Bade-, Sport- und Freizeitzentrum hat die Stadt in der Tat ein wahres Paradies für Jung und Alt geschaffen. Also los geht's, Badehose einpacken und ab ins *Badria*!

Egal, ob Spiel, Bewegung oder Wellness – die 2014 vollständig renovierte Anlage ist das ganze Jahr hindurch eine hervorragende Anlaufstelle für alle Freunde des kühlen Nasses. Sollte das Wetter einmal grausig sein, kann man sich wunderbar im Innenbereich austoben. Stimmungsvoll beleuchtete Schwimmbecken, Whirlpool, Dampfbad und die beiden *Crazy-River-* und *Black-Hole-*Rutschen bieten allen Altersklassen einmaligen Freizeitspaß. Das Highlight ist jedoch der *Gaudibrunnen*, den man schon wegen seiner rasanten Rutschen, wilden Wasserfälle, den entspannenden Massagedüsen und der eigenen Ruhezone am liebsten stundenlang nicht verlassen möchte.

Bei schönem Wetter zieht es alle Wasserratten in den weitläufigen Außenbereich rund um das über zwei Quadratkilometer große Freiwasserbecken *Badriasee*. Die Kinder machen sich von dort aus auf in den Wasserspielgarten, zur *Bachsause* oder zum Spielplatz, die Jugendlichen freuen sich über eine Partie Beachvolleyball, Fußball und Minigolf, und die Älteren relaxen im Heißwasserbecken, kneippen eine Runde und werfen den Grill an. Wer es dann noch heißer mag, der ist im Saunapark an der goldrichtigen Adresse. Mit unzähligen Saunen, Dampfbädern und einem eigenen Garten stellt er wahrhaft ein Quell ewiger Jugend dar. Können also die Wasserburger Schwimmbäder bauen? Aber hallo!

🏊 Machen Sie einen kurzen Abstecher zum Luitpold-Gymnasium, das aus der 1879 gegründeten Königlichen Realschule hervorging und eines der ältesten wie auch schönsten Schulgebäude Bayerns besitzt.

EIN EINZIGARTIGES PANORAMA BIETET DER AUSSICHTSPUNKT
»SCHÖNE AUSSICHT« /// KELLERBERGWEG ///
D-83512 WASSERBURG AM INN /// WWW.WASSERBURG.DE ///

STADTVERWALTUNG WASSERBURG AM INN /// MARIENPLATZ 2 ///
83512 WASSERBURG AM INN /// 00 49 / 80 71 / 10 50 ///
WWW.WASSERBURG.DE ///

Wenn man in Wasserburg vom Südufer der Innbrücke aus an einem schönen Tag den befestigten Fußweg den Berg hinaufspaziert, kann es durchaus passieren, dass einem lauter seufzende Passanten entgegenkommen. Und wenn man nach dem Grund fragt, hört man eigentlich immer die gleiche Antwort: »Weil's a so schee is, drom, bei da Aussicht!« Spätestens dann hat man die nötige Motivation, dem stellenweise steilen Pfad weiter zu folgen.

Nachdem man den Anstieg nach einer guten Viertelstunde geschafft hat, versteht man sofort, warum der Panoramapunkt *Schöne Aussicht* jeden Tag Menschen von nah und fern anzieht: Ein wunderschöner Rundblick über Wasserburg und die Umgebung führt dem Betrachter die Landschaftsgeschichte der Gegend eindrucksvoll vor Augen. Der Wasserburger Ortskern liegt auf einer vom Inn beinahe vollständig umflossenen Halbinsel und ist nur über eine schmale Landzunge erreichbar. In der Altstadt sind die hochmittelalterlichen Wurzeln der Gemeinde deutlich erkennbar. Mit all den pastellbunten Mauern, den Erkern und Zinnen, der imposanten Burganlage und dem kunstvoll verzierten Brückentor wirkt sie wie einem Rittermärchen entsprungen. Nach Nordosten hin verjüngt sich das Stadtbild merklich. Dort konnte erst im 20. Jahrhundert hochwassersicher gebaut werden, als die Innstaustufe errichtet und die Uferbefestigungen abgeschlossen waren. Von der *Schönen Aussicht* aus betrachtet, stellt sich die Silhouette Wasserburgs somit wie ein architektonischer Zeitstrahl dar.

Das gesamte Ensemble der pittoresken Stadt lädt geradezu zur weiteren Erkundung ein. Also nichts wie hinab ins Tal! Und wenn einem auf dem Rückweg Passanten entgegenkommen, kann man guten Gewissens laut seufzen. »Weil's halt wirklich so schee is, da drom, bei da schenan Aussicht!«

🖉 Am besten lernen Sie Wasserburg auf einer der Stadt- und Themenführungen kennen, die Sie über die Stadtverwaltung buchen können.

**DER BEN LOCKT JUNG UND ALT IN DEN
WILDFREIZEITPARK OBERREITH /// OBERREITH 6A ///
D-83567 UNTERREITH /// 00 49 / 80 73 / 91 53 61 ///
WWW.WILDFREIZEITPARK-OBERREITH.DE ///**

Stolz blickt er drein, schreitet gemächlich auf und ab, und falls jemand mit etwas Futter winkt, kommt er gerne näher und lässt sich streicheln. Wenn man unter den Tieren so etwas wie einen Star suchte, ganz klar: Der Ben wäre einer. Der stattliche 26-Ender ist nicht nur ein außergewöhnlich schöner Hirsch, sondern er versteht es auch bestens, sein Publikum ein ums andere Mal galant um die Hufe zu wickeln. Ein echter Charmeur halt, der es in den letzten Jahren sogar zur Werbeikone »seines« Wildtierparks Oberreith geschafft hat.

In dem großzügigen Areal haben Thomas Mittermair und sein Team ein gemütliches, artgerechtes Zuhause für eine ganze Reihe teils seltener Tiere geschaffen. Hierzu gehören Hängebauchschweine, Esel, Zwergziegen, Jakobsschafe und farbprächtige Fasanen ebenso wie Steinmarder und Füchse, die neugierig aus ihren Bauten lugen. Die Stars der Lüfte sind die zwei Milans sowie die drei Uhus, die in der täglichen Flugshow ihr Können sogar als Formation unter Beweis stellen.

Wer im Wildtierpark den Tag mit der Familie verbringen möchte, dem bietet sich eine Vielzahl weiterer Unterhaltungsmöglichkeiten. Die Kleinen toben sich am Spielplatz aus, die Bequemen lassen sich von der Minieisenbahn über das Gelände kutschieren, und die Sportlichen verausgaben sich in der Bungee-Trampolin-Anlage oder gleiten mit dem Seilzug *Flying Fox* vom Aussichtsturm über das Parkareal hinab. Wer es noch waghalsiger mag, der kann sich in den großen Fichtenwald wagen und auf den Parcours in einem der größten Hochseilgärten Südbayerns begeben. Richtig gemütlich wird's schließlich für alle bei der Brotzeit in der *Wildpark Stub'n*, wo man nach allen Regeln der Kunst verwöhnt wird – fast schon so wie der Ben von den Besuchern.

🐾 Der Besuch im Wildtierpark lässt sich wunderbar mit einer kleinen Radl-Tour am Inn entlang nach Gars verbinden.

NACH VIETNAM REISEN

»Lychee's Bistro« in Gars am Inn

(33)

Man sagt, der vierte Kaiser der vietnamesischen Nguyễn-Dynastie, ein gewisser Tu Duc, habe es mit seinen Ernährungsgewohnheiten sehr genau genommen. Fast schon mit einer typisch deutsch anmutenden Gründlichkeit soll er angeordnet haben, dass ihm bei jeder Mahlzeit exakt 50 verschiedene Speisen serviert werden sollten, die von exakt 50 Köchen gekocht und von exakt 50 Dienern aufgetragen werden mussten. Zugegeben – im *Lychee's Bistro* in Gars geht es viel beschaulicher zu. Dem unglaublichen Reichtum der vietnamesischen Küche, den Tu Duc einst begründet haben mag, kann man jedoch auch in dem exklusiven Bahnhofslokal mit großer Freude nachspüren.

Jeder Gast kann sich gewiss sein, dass er die knusprige Ente, den vielfältigen Glücksteller oder den landestypischen südostasiatischen Kaffee und Yasmintee an einem durchaus außergewöhnlichen Platz zu sich nimmt: Ein Vietnamese im tiefsten Oberbayern, noch dazu in einem historischen Bahnhof, das ist doch eher selten. Speisen und Service sind hervorragend bei »unserem kleinen Vietnamesen«, wie die Garser das Bistro liebevoll nennen.

Und wenn man im Gastraum sitzt, vom Duft des Essens umströmt wird und dabei den abfahrenden Zügen hinterherschaut, dann schweifen die Gedanken schnell in die Ferne ab. Manch einer mag sich auf einmal in ein entlegenes Land versetzt fühlen, weitab aller oberbayerischer Eigenarten. Und vielleicht auch etwas nachdenklich werden angesichts der Erkenntnis, wie klein die Welt doch mittlerweile geworden und wie eng sie zusammengerückt ist, und welch unglaubliche Bereicherungen diese vermeintlich banale Tatsache mit sich bringt. Wie diesen köstlichen Imbiss in Oberbayern, gleich neben dem bayerischen Inn, bei »unserem kleinen Vietnamesen«.

✍ Nutzen Sie einen kürzeren Aufenthalt am Garser Bahnhof für einen aromatischen typisch asiatischen Tee oder einen Thaikaffee mit Crushed-Eis.

79

REDEMPTORISTENKLOSTER GARS /// KIRCHPLATZ 10 ///
D-83536 GARS AM INN /// 00 49 / 80 73 / 38 80 ///
WWW.KLOSTERGARS.DE ///

»Die Geschichte Bayerns«, so hat es der Landeshistoriker Karl Bosl einmal auf den Punkt gebracht, »wäre ohne die Geschichte seiner Klöster nicht denkbar.« Ein besonders imposanter Beleg dieser These ist zweifellos das Kloster in Gars, das über nahezu alle bedeutenden historischen Epochen des Freistaats hinweg Bestand hatte.

Im Jahre 768 durch den bayerischen Herzog Tassilo III. errichtet, beherbergte es zunächst den Benediktinerorden, bevor es von 1122 bis 1802 zum Chorherrenstift der Augustiner umgewidmet wurde. Ab 1858 diente es schließlich Redemptoristen der Ausübung ihrer Religion. Die hervorragend erhaltenen Gründungsbauten um die Klosterkirche, die Felixkapelle und die Leutkirche am Friedhof bilden ein einzigartiges frühbarockes Ensemble, das landesweit seinesgleichen sucht.

Das Kloster wird heute von circa 30 Brüdern und Patres bewohnt, die den unterschiedlichsten Berufen und Hobbys nachgehen, vom Backen über Gärtnern bis hin zum Schneidern, und vom Brandschutz bis hin zur Hasen- und Taubenzucht. Sie alle blicken mit Stolz zurück auf die reiche Vergangenheit des Stifts, die so eng mit einer Vielzahl bedeutender Persönlichkeiten verbunden ist, wie dem Malermönch Max Schmalzl, der Mystikerin Louise Beck oder dem Kabarettisten Michael Mittermeier.

Auch jenseits der Klostermauern ist man in Gars stolz auf den Orden, der seit langer Zeit zur Gemeinde dazugehört. Vielleicht auch deshalb, weil gerade in dieser Gemeinschaft weiterhin Geschichte geschrieben und Geschichten erzählt werden. Im Stift, aber auch im staatlichen Gymnasium, in der berühmten Gärtnerei, im Fortbildungszentrum und im beliebten Klostercafé – allesamt Einrichtungen, die sich unter dem Dach der Redemptoristen befinden und diesen Ort weiterhin mit Leben füllen. Gars ohne Kloster? Nicht denkbar.

🕯 Decken Sie sich vor Ihrer Weiterreise mit frischem Gemüse und Blumen aus der angeschlossenen Klostergärtnerei ein, die noch in alter Tradition liebevoll bewirtschaftet wird.

MIT PAKOS HERUMTOUREN

Ranch »Bayernland Alpakas« in Gars am Inn

35

Wer im Erdkundeunterricht gut aufgepasst hat, der weiß vielleicht, dass 80 Prozent aller 3,5 Millionen Alpakas weltweit in Peru leben. Doch nur die wenigsten können sich vorstellen, wo sich die restlichen 20 Prozent dieser domestizierten Kamelart aufhält. Und nahezu ein jeder wird sich die Augen reiben, wenn er die »Pakos«, wie die Tiere aufgrund ihres lateinischen Namens gerne gerufen werden, plötzlich am Inn entdeckt!

Dass es eine stattliche Anzahl an weißen, braunen und schwarzen Alpakas nach Gars verschlagen hat, lässt sich in zweierlei Hinsicht erklären: Zum einen ist dieser Umstand der Neugier und Umsicht der Familie Hemetmayr zu verdanken, die nach geeigneten Tieren suchte, um ihre Wiesen naturnah zu beweiden. Und zum anderen liegt es mit Sicherheit auch an dem unwiderstehlich sympathischen Charakter der Andenbewohner, die nahezu jedes Herz im Sturm erobern. Die Hemetmayrs konnten den Pakos schlichtweg nicht widerstehen und gründeten 2007 – sehr zur Freude von Sohn Jonas und Tochter Milena – ihre eigene Alpaka-Ranch. Mittlerweile beherbergt diese einen beträchtlichen Anteil aller peruanischen Exilanten.

Fährt man heute auf den über dem Städtchen Gars gelegenen Hof, mustert einen die Herde schon aus der Ferne mit neugierigen Blicken. Fast glaubt man in den Augen der Tiere die Vorfreude zu erkennen, endlich wieder auf Tour gehen zu dürfen. Denn das Besondere an den Garser Alpakas ist, dass sie nicht nur unglaublich kinderlieb, gutmütig und entspannt sind, sondern auch wahrhaft formidable Wandersleut, die nichts lieber tun als in guter Gesellschaft durch die Innlandschaften zu ziehen. Also nichts wie auf zu einem gemütlichen Ausflug mit Pako und Co.!

✿   Alpakas sind sehr robuste Tiere und das ganze Jahr hindurch auf Tour. Gruppenwanderungen können bei der Familie Hemetmayr, am besten mit etwas Vorlauf, gebucht werden.

TANTE EMMA BESUCHEN

Dorfladen in Mittergars am Inn

36

Früher hatte ein jedes Dorf ein kleines Geschäft, in dem es all das zu kaufen gab, was man tagtäglich benötigte: Brot, Käse und Wurst sowie Zeitungen und Süßigkeiten. Doch die Zeiten haben sich geändert, und all die Tante-Emma-Läden hatten Discountern und Einkaufszentren zu weichen. Auch die Bewohner von Mittergars mussten eines Tages feststellen, dass sie keine Möglichkeiten mehr hatten, mal schnell im Ort Besorgungen zu machen. Stattdessen wurde die Fahrt in die Stadt unabdingbar, was vor allem Kinder und Senioren hart traf. Doch die Mittergarser haderten nicht lange mit ihrem Schicksal, setzten sich zusammen, überlegten, diskutierten, planten und eröffneten schließlich im Jahr 2000 »ihren« Dorfladen im frisch renovierten ehemaligen Schulhaus. Die große Besonderheit: Er wird von einer eigens ins Leben gerufenen Gesellschaft betrieben, der fast alle örtlichen Haushalte angehören.

Natürlich sind alle Mittergarser für ihren Tante-Emma-Laden außerordentlich dankbar. Doch ebenso Gäste von außerhalb schätzen dieses wiedererrichtete Kleinod dörflicher Kultur. Die Produktpalette, zusammengestellt nach dem Motto »Aus der Region – für die Region«, bietet wirklich fast alles, was das Herz begehrt, und das in einem herausragenden Preis-Leistungs-Verhältnis. Gerade die vielen Radler, die auf dem Inntalradweg durch Mittergars strampeln, sind unendlich dankbar, wenn sie an heißen Sommertagen durstig, hungrig und erschöpft das kleine Geschäft endlich erreichen. Mit einem Semmerl und einem Spezi in der Hand lässt es sich dann auf dem Bankerl im Schatten der Linde wieder wunderbar zu Kräften kommen.

Wie bringt es Udo Jürgens so schön auf den Punkt? »Im Tante-Emma-Laden, an der Ecke vis-à-vis, wenn an der Tür die Glocke bimmelt, ist das beinah schon Poesie.«

☞ Im »Schmankerlschrank« finden Sie regionale Spezialitäten und Produkte von großartiger Qualität, die gerne zu einem liebevoll dekorierten Geschenkkorb zusammengestellt werden.

IM GARTEN SHOPPEN
Moyer Hof in Aschau am Inn

37

Wer seinen Garten verschönern möchte, der findet sich viel zu oft inmitten der Hektik überfüllter Baumärkte wieder, irgendwo zwischen vollgestopften Regalen und stillosen Kartonverpackungen. Noch schlimmer: Ist man wieder zu Hause, muss man häufig feststellen, dass der jüngste Erwerb im eigenen Grün doch nicht so passt, wie man es sich eigentlich vorgestellt hatte. Dass es aber auch ganz anders gehen kann, stellt Alfons Grandl-Berghammer in seinem Moyer Hof in Aschau eindrucksvoll unter Beweis.

Auf dem traditionsreichen Anwesen, dessen erste urkundliche Erwähnung bereits im Jahre 1411 erfolgte, eröffnete der Oberbayer mit seiner Frau 2010 ein wahres Gartenparadies, das die Herzen aller Freunde gepflegter Dekorationen höher schlagen lässt. In dem über 1.200 Quadratmeter großen Gelände wurden Pavillons, Gartenbänke, Tische und Stühle, Rosenbögen, Steinfiguren, Amphoren, Keramikkugeln und Säulen zu einem stilvollen Ensemble zusammengefügt. Alle Elemente sind an sich bereits Hingucker, doch der besondere Reiz liegt im Detail verborgen: Alle Garteneinrichtungen stehen nicht nur zum Bestaunen bereit, sondern auch zum Kaufen, dezentes Preisschild inklusive.

Wer all die wunderbaren Eindrücke erst einmal setzen lassen möchte, kann natürlich Platz nehmen auf den schönen Möbeln unter den alten Nuss- und Obstbäumen oder in den eigens angelegten Arkaden und sich von bestem Kaffee, Erfrischungsgetränken und hausgemachtem Kuchen erquicken lassen. Und dann, frisch gestärkt, bietet sich ein Abstecher in den gemütlichen Hofladen an, in dem sich eine schier unendliche Zahl weiterer Dekorations- und Geschenkideen eröffnet. Wer muss da nicht ein bisserl schmunzeln, über all die Hektik in den weit entfernten, überfüllten Baumärkten?

✐ Der Besuch des Weihnachtsmarktes, der immer von Oktober bis Dezember im ehemaligen Kuhstall unter den freundlichen Blicken der beiden Esel Anna und Wilma stattfindet, ist unbedingt empfehlenswert!

STAUANLAGE JETTENBACH /// KLUGHAM /// D-84544 ASCHAU AM INN ///

DIE TEUERSTE BAUSTELLE BESICHTIGEN

Der Innkanal an der Stauanlage Jettenbach

38

Die Entwicklung der Gemeinden am Inn ist eng mit der Geschichte des Flusses verbunden. Ein eindrucksvolles Beispiel hierfür ist Töging. An dessen *Wasserschloss* endet der künstlich angelegte Innkanal, der von der Stauanlage in Jettenbach 20 Kilometer parallel zum natürlichen Strom verläuft und hinter dem Städtchen wieder in diesen mündet. Der ursprüngliche Innverlauf blieb unverbaut und stellt heute den letzten frei fließenden Flussabschnitt in Bayern dar. Töging hingegen entwickelte sich durch diese Zweiteilung des Stroms binnen weniger Jahre vom kleinen 500-Seelen-Dorf zum weltweit bekannten Industriestandort.

Die Geschichte des Kanals beginnt 1917 mit der Gründung der *Innwerk Bayerische Aluminium AG*, die in Töging eine Aluminiumhütte mitsamt einer Wasseranlage zur Energieversorgung plante. Schon 1919 wurde mit dem Bau in Jettenbach und Töging begonnen, und 1924 konnte erstmals Strom für die neu entstandene Aluminiumhütte erzeugt werden. Mit mehr als 7.000 Arbeitern galt die Baustelle in Jettenbach damals als die größte und teuerste in Mitteleuropa. Noch heute erzählt man sich die Geschichten von den unglaublichen Löhnen damals, die bis zu mehreren Millionen Mark pro Kopf und Tag betrugen. Freilich mit einem Augenzwinkern, denn die immensen Summen waren der damaligen Hyperinflation geschuldet: Was am einen Tag noch für einen Laib Brot reichte, war am darauffolgenden nicht mal mehr ein Semmerl wert.

Und trotzdem: Der Innkanal brachte Töging und der Region lang anhaltenden Wohlstand. Dem fleißigen Stromlieferanten Inn sei Dank. Und die imposante Stauanlage in Jettenbach ist noch heute einen Besuch wert!

✍ Direkt an der Stauanlage in Jettenbach befindet sich ein kleiner Informationsstand, der die Geschichte des Kanalbaus anschaulich darstellt.

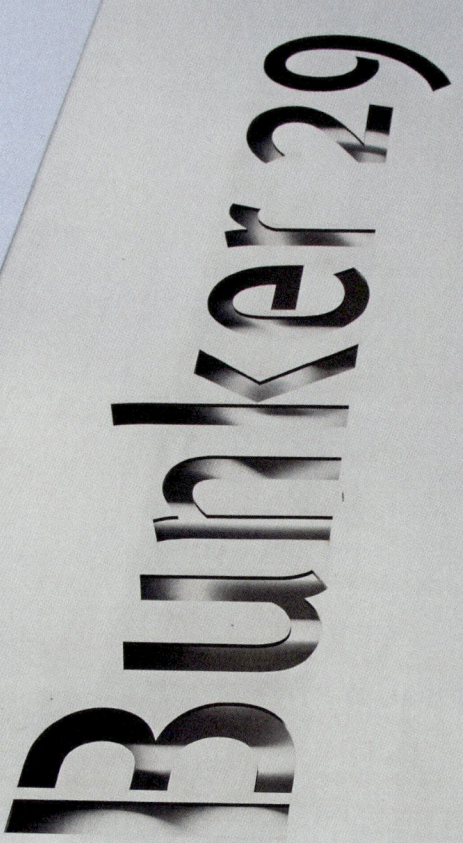

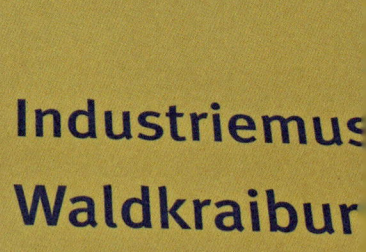

DAS INDUSTRIEMUSEUM »BUNKER 29« IST EINE DER STATIONEN DER »WEGE DER GESCHICHTE« /// STARTPUNKT: HAUS DER KULTUR /// BRAUNAUER STRASSE 10 /// D-84478 WALDKRAIBURG /// WWW.WALDKRAIBURG.DE/DE/WEG-DER-GESCHICHTE ///

FÜR EINE VERSCHNAUFPAUSE EIGNET SICH DAS BISTRO CULT AM HAUS DER KULTUR /// BRAUNAUER STRASSE 10 /// D-84478 WALDKRAIBURG /// 00 49 / 86 38 / 8 84 53 45 /// HWWW.BISTRO-CULT.COM ///

»Ich habe keine Angst vorm Alter und finde, jede Falte in meinem Gesicht ist eine Erzählung aus meinem Leben.« Das Zitat des Musikers Peter Maffay wird gerne angeführt, wenn man sich für einen positiven Umgang mit der eigenen Geschichte aussprechen möchte. Der Gedanke des in Waldkraiburg aufgewachsenen Künstlers könnte auch Leitmotiv der *Wege der Geschichte* sein, die sich auf 12 Kilometern durch den Ort ziehen. Das Projekt gilt als Musterbeispiel für eine kritische und gewinnbringende Auseinandersetzung mit der Vergangenheit. Obwohl die heute einwohnerstärkste Siedlung des Landkreises erst 1950 gegründet wurde, ist ihr Antlitz tief zerfurcht von früheren Zeiten.

Die *Wege der Geschichte* führen zu 19 Stationen, die unterschiedlicher nicht sein könnten. Man startet den Rundgang mit einer traumhaften Aussicht auf den Ortsteil Pürten mit seiner bedeutenden Pfarr- und Wallfahrtskirche und landet rasch bei den Überresten der circa 600 Bunker der Deutschen Sprengchemie GmbH, die im Zuge des Zweiten Weltkriegs entstanden waren. Hier wurden zunächst Pulver und später unter anderem Bonbons hergestellt. Weiter führen die Wege zu den einstigen Lagern der vielen Hundert dort beschäftigten Zwangsarbeiter und zum *Bunker 29*, einem original erhaltenen Gebäude, das heute ein Industriemuseum beherbergt.

Neben den Schattenseiten begegnet man aber auch vielen Lichtpunkten: Über 2.800 Wohnungen boten vielen Kriegsvertriebenen rasch eine neue Heimat, die alte Glashütte war Teil des Wirtschaftsaufschwungs in den 1950er-Jahren, und das strahlend blaue Haus der Vereine schenkt heute noch seinen Mitgliedern viele frohe Stunden. Anfang und Ende der Wege kennzeichnet das 1989 gegründete *Haus der Kultur*, welches das gesellschaftliche Leben der Stadt bündelt und Geschichte aktiv erlebbar macht.

✐ Die *Wege der Geschichte* sind durch gelb-blaue Markierungen leicht zu erkennen. Starten Sie am besten nach einem Imbiss im Bistro *Cult* am *Haus der Kultur*.

FEUERWEHRMUSEUM BAYERN /// **DUXER STRASSE 8** ///
D-84478 WALDKRAIBURG /// **00 49 / 86 38 / 8 84 11 12** ///
WWW.FEUERWEHRMUSEUM-BAYERN.DE ///

NUR NICHTS ANBRENNEN LASSEN

Feuerwehrmuseum Bayern in Waldkraiburg

40

235 Blaulichter aus sieben Ländern, 2.000 Ausrüstungsgegenstände, 79 Feuerlöscher, fast 17 Kilometer Schlauch und über 85 Einsatzfahrzeuge aus drei Jahrhunderten – egal, ob Berufsinteressierte oder Familie mit Kindern; ein jeder, der sich für die Arbeit unserer Floriansjünger interessiert, der ist im Bayerischen Feuerwehrmuseum goldrichtig.

Löschzüge und Hubrettungswagen, Helme und Bekleidung, Schlauchmaterial, Tragkraftspritzen und hydraulische Apparaturen, Atemschutzgeräte, Schlauchhaspeln oder Drehleitern. Wer in die Zauberwelt des Museums eintaucht, begibt sich auf eine Reise in die Entwicklungsgeschichte der Brandschutztechnik, die bei den Handdruckspritzen aus dem 19. Jahrhundert beginnt und mit der modernsten Hightech dieser Tage ihr vorläufiges Ende findet. Auch wenn das Museum erst im Jahre 2012 eröffnet wurde, wirkt die imposante Ausstellungsfläche von über 4.500 Quadratmetern schon heute fast zu klein. Restaurierte und gepflegte nostalgische Fahrzeuge sowie sorgfältig sortierte und kommentierte technische Gerätschaften buhlen um die Aufmerksamkeit der Besucher. Stolz ist man in Waldkraiburg auf dieses »Aktivmuseum«, in dem alles angefasst und ausprobiert werden darf, und das damit Museums- mit Erlebnispädagogik im besten Sinne kombiniert.

Wer von all der prachtvollen Löschtechnik etwas überwältigt wird, erhält freundlichen Rat und kompetente Unterstützung bei den zahlreichen ehrenamtlichen Helfern. Und wer ihnen genau zuhört, der wird viele Mysterien erfahren, die einige Exponate umgeben. Und sogar herausfinden, wie die *Großmutter*, eine Kraftspritze aus dem Jahr 1923, oder der *Pink Panther*, ein Pionierwagen von 1956, zu ihren Namen gekommen sind …

🜊 Jeweils im Sommer findet das *Blaulicht-Oldtimertreffen* im Feuerwehrmuseum statt, zu dem Brandschützer aus ganz Europa anreisen – ein echtes Highlight nicht nur für Feuerwehrfans!

INDUSTRIEDENKMAL AMPFING /// MÜNCHNER STRASSE 16 ///
D-84539 AMPFING /// WWW.AMPFING.DE/TOURISMUS-KULTUR/
INDUSTRIEDENKMAL ///

NATUR- UND ERLEBNISBAD GRÜNE LAGUNE /// HINMÜHLER WEG 33 ///
84539 AMPFING ///

BAYERISCHES ÖL FÖRDERN
Industriedenkmal in Ampfing

41

Wenn man das Wappen von Ampfing etwas genauer studiert, kann das durchaus zu Irritationen führen. Denn darauf prangen nicht nur die beiden gekreuzten Morgensterne, die an die berühmte Ritterschlacht um das Kaisertum im Heiligen Römischen Reich im Jahre 1322 erinnern. Auch ein Bohrmeißel ist abgebildet, der für die enge historische Verknüpfung Ampfings mit der Energietechnik und -wirtschaft steht. Ein weiteres Symbol dieser engen Verbindung ist das Industriedenkmal, das 1999 an der Münchener Straße im Ort errichtet wurde.

Das Kunstwerk vereint die vergangenen und modernen Formen der Energiegewinnung am Inn. Schon aus der Ferne erkennt man das große Windrad, den oberen Teil früherer Windbrunnen, mit deren Hilfe einst Wasser emporgepumpt wurde. Nicht minder stolz wirkt das daneben stehende Lokomobil, eine fahrbare Dampfmaschine, die noch 1987 zur Stromerzeugung und zum Antrieb einer Säge zur Verarbeitung von Auenhölzern diente. Angesichts dieser imposanten historischen Gerätschaften erscheint die Fotovoltaikanlage auf dem nahen Glaspavillon, welche die Teilnahme der Gemeinde am Programm *Energiezukunft Bayern* verdeutlicht, zugegeben etwas bescheiden.

Am eindrucksvollsten ist jedoch ohnehin der Pumpenbock, der ein bisschen *Dallas*-Serienflair verströmt. Er zeugt von der Zeit um 1953, als unter den Feldern um Ampfing in rund 1.900 Metern Tiefe ölhaltige Sandsteinschichten entdeckt wurden. Über 40 Jahre wurden circa 550.000 Tonnen Erdöl und fast 1,4 Milliarden Kubikmeter Erdgas gefördert, ehe die Bohrstellen 1998 verschlossen wurden. Wer weiß: Hätten die amerikanischen TV-Produzenten eher von Ampfing erfahren, vielleicht wären J. R. und Bobby Ewing ja waschechte Oberbayern geworden …

🖎 Verbinden Sie die Besichtigung des Denkmals mit einer Einkehr in der *Grünen Lagune*, dem prächtigen Natur- und Erlebnisbad Ampfings.

ZUM PRALLHANG DES INNS FÜHRT EINE RUND 15-MINÜTIGE WANDERUNG
AB DER EBINGER ALM /// EBING 120 /// D-84478 WALDKRAIBURG ///
00 49 / 86 38 / 74 37 ///

ES RAUBRITTERN HEIMZAHLEN
Prallhang des Inns bei Ebing

42

Bei all den freundlichen und aufgeschlossenen Menschen, denen man bei Wanderungen durch die Innauen regelmäßig begegnet, mag man es nicht glauben, dass in dieser Gegend früher üble Gesellen ihr Unwesen getrieben haben. Die schlimmsten unter ihnen müssen wohl die Raubritter vom Hörndlberg gewesen sein, einem Prallhang des Flusses nahe dem heutigen Dorf Ebing.

Die wilden Gestalten hatten es sich in einer Festung oberhalb des Inns bequem gemacht, dem Hörndlbergschloss, und überfielen vorbeifahrende Schiffe nach Belieben. Dabei schreckten sie nicht vor derber Gewalt zurück, und so wurden flussabwärts immer wieder geplünderte Schiffe angetrieben, mit einer gepeinigten, gefesselten und ausgehungerten Besatzung. Da wurde es selbst den friedfertigen Innanwohnern zu bunt, und sie belegten die Meute mit einem bösen Fluch. Und alsbald zog ein Gewitter auf, es blitzte wie beim Jüngsten Gericht, und als sich alle Wolken verzogen hatten, war das Hörndlbergschloss in die Fluten des Inns gestürzt und darin versunken.

Wie bei einer jeden Sage hat wohl auch die der Raubritter einen wahren Kern. In der Tat ist es wahrscheinlich, dass an der fraglichen Stelle einst eine Burg gestanden hat. Ob deren Verschwinden das Resultat eines Fluches war, kann hingegen bezweifelt werden. Vielmehr lag sie wohl direkt an der Kante des letzten unverbauten Prallhangs des Inns, der sich bis zu 45 Meter über dem Fluss erhebt. Dieser wurde damals wie heute durch die Strömung ständig unterspült und abgetragen. Mit etwas Glück kann man bei einem Besuch heutzutage beobachten, wie Teile des eiszeitlichen Schotterhangs mit den darauf wachsenden Waldkiefern vom gurgelnden Inn verschluckt werden. Wie einst die geologisch wohl sehr unbedarften Raubritter und ihr stolzes Schloss.

🖉 Beginnen Sie Ihre Wanderung an der Ebinger Alm. Nach zwei Kilometern erreichen Sie den Gleithang des Inns und haben einen schönen Blick auf den berühmten gegenüberliegenden Prallhang.

43

Ihrem Heimatort – darauf sind alle Mühldorfer besonders stolz – ist es bis heute gelungen, sich sein historisches Stadtbild zu bewahren. In allen Straßen und Gassen ist der Geist der Geschichte spürbar. Davon zeugen vor allem jene illustren Gesellen, die man tagtäglich auf dem historischen Stadt- und am Katharinenplatz antreffen kann, und das schon seit 1839.

Die Rede ist von den Mühldorfer »Brunnenbuberln«, kunstvollen Steinskulpturen, die sitzend, stehend, schelmisch grinsend, verspielt lachend, nachdenklich und gut gelaunt die vier Brunnen der Altstadt bevölkern. Vom Eichstätter Hofbildhauer Johann Jakob Berg geschaffen, zogen sie im frühen 19. Jahrhundert aus dem Konventgarten des Chorherrenstifts Rebdorf ins Herz der kleinen Inngemeinde. Und hier gibt es einiges zu bestaunen! Vor allen anderen Dingen den wunderbaren Stadtplatz, der als einer der schönsten in ganz Deutschland und zugleich dank seiner wohlrestaurierten geschlossenen Häuserfront als Musterbeispiel für den Inn-Salzach-Stil gilt. Oder die Frauenkirche mit ihrem eindrucksvollen barocken Langhaus und dem Wandgemälde der berühmten »letzten deutschen Ritterschlacht« von Ampfing 1322. Zudem die Stadtpfarrkirche St. Nikolas, welche mit Romanik, Gotik, Barock und Rokoko gleich vier Baustile vereint.

Das Zuhause der »Brunnenbuberln« ist ein Ort, der jeden Tag aufs Neue faszinierende Details offenlegt. Nur zu einem Haus, da halten selbst die frechen Kerlchen einen gehörigen Abstand: Das Mühldorfer Rathaus, so hört man nämlich, beherberge eine nach wie vor voll funktionstüchtige Hexenkammer! Und die passt gar nicht zur fröhlichen Natur dieser steinernen Mühldorfbewohner!

Runden Sie Ihre Erkundungstour mit einer Einkehr in der urigen Wirtschaft *Geigerhaus* ab und probieren Sie die Folienkartoffeln mit Beilage – absoluter Geheimtipp!

HABERKASTEN

Museum

Ausstellungs- und
Tagungssaal

Veranstaltungssaal

HABERKASTEN /// FRAGNERGASSE 3 /// D-84453 MÜHLDORF AM INN ///
00 49 / 86 31 / 61 26 12 /// WWW.MUEHLDORF.DE ///

KUNST EINE BÜHNE GEBEN

Kulturzentrum Haberkasten in Mühldorf am Inn

44

Preisfrage: Was haben die Band Haindling, Willy Astor, Django Asül, Günter Grünwald, Georg Ringlstetter, Sigi Zimmerschied sowie das Duo Herbert und Schnipsi gemeinsam? Okay, sie sind allesamt beliebte bayerische Kabarettisten und Künstler, weit über ihre Heimatregion hinaus bekannt und auf Bühnen in ganz Deutschland zu Gast. Doch darüber hinaus treten sie alle regelmäßig im *Haberkasten* auf und bilden damit quasi den künstlerischen Nukleus des beliebten Mühldorfer Kulturzentrums.

Als der *Haberkasten* 1996 eröffnet wurde, spielte eine Schülerband aus dem Simbacher Gymnasium fetzige Dixieland- und Jazzmusik. Doch keiner der vielen Ehrengäste, die sich für die Neunutzung des aufwendig restaurierten Getreidespeichers aus dem 15. Jahrhundert eingesetzt hatten, konnte sich an diesem Abend so richtig vorstellen, was nun künftig musikalisch und künstlerisch folgen sollte. Aber alle Sorgen sollten sich als unbegründet erweisen. Schon wenige Jahre später hatte sich das Kulturzentrum zu einer der erfolgreichsten und zugleich schönsten Kreativbühnen Oberbayerns gemausert. Neben der Crème de la Crème der Kabarett- und Kleinkunstszene wissen vor allem die Nachwuchsmusiker aus der Region den *Haberkasten* zu schätzen: Er bietet ihnen eine wunderbare Plattform, ihr Können vor einem gewogenen Publikum zu präsentieren und damit vielleicht den Grundstein für eine große Karriere zu legen. Und auch als Schauplatz vieler anderer Veranstaltungen – von der Tagung bis hin zur Trauung – hat sich der alte Speicher bestens bewährt.

Zu herausragenden Publikumsmagneten im *Haberkasten* gehören das *Sommerfestival* sowie das bunte Sommertheater-Programm des *Kulturschupp'n Mühldorf*. Bei diesen Events trifft man auch immer wieder die Ehrengäste der Eröffnungsfeier – zufrieden lächelnd.

Im zweiten Obergeschoss des *Haberkasten* sind regelmäßig Ausstellungen eingerichtet, die sich mit der wechselvollen Geschichte Mühldorfs auseinandersetzen.

TRINKWASSER "NICHT FÜR Rinduiecher"

VIELE SATIRISCH-IRONISCHE DETAILS ZIEREN VON AUSSEN DAS
»MUSSEUM FÜR JÄGER UND GEJAGTE« /// STADTPLATZ 82 ///
D-84453 MÜHLDORF AM INN /// 00 49 / 86 31 / 1 51 09 ///
WWW.MUSSEUM.DE ///

FALSCHE HASEN ERLEGEN

Eine außergewöhnliche Sammlung kann man am Mühldorfer Stadtplatz im Haus mit der Nummer 82 über einen unscheinbaren Seiteneingang erreichen. Hier hat der Konditormeister Hans Kotter 1998 sein *Musseum für Jäger und Gejagte* eröffnet, doppeltes »s« inklusive, »weil der Besuch halt ein echtes Mu*ss* ist!«

Bereits die Außenfassade des Gebäudes fesselt jeden Passanten mit ihrem schier unendlichen Detailreichtum an satirisch-ironischen Jagdkarikaturen, Mahnmalen und Schmuckstücken. Die kleinen Kunstwerke zieren das Haus bis unter das Dach. Sofort wird deutlich: An diesem Ort soll zum Denken angeregt werden, über den Umgang mit Tieren wie mit Menschen. Wahre Geschichten sowie zahlreiche Andeutungen verstecken sich hinter dem Grabstein des gejagten Bären Bruno, der Gedenktafel für eine zu Unrecht verbrannte »Hexe«, den zahllosen Aphorismen über das Leben und jener aufwendig verzierten Tränke für alle, außer für Rindviecher.

Allzu ernst muss man dieses *Museum* natürlich nicht nehmen. Sich dafür aber köstlich über all den »Blödsinn« in seinem Inneren amüsieren. Etwa über die »Wildträume« in Form ausgestopfter Jäger, über die Sau, die durchs Dorf getrieben wird, über den kapitalen Bock, den einer geschossen hat, oder über die *reh-ale Reh*-Ausstellung, mit Exponaten, die vom *Reh*-Kruten über einen im Louv-*Reh* hängenden echten *Reh*-Noir bis hin zum *Reh*-Bellen reichen.

In gewisser Weise ist auch Hans Kotter ein Rebell. Weil er sich kritisch mit Konventionen auseinandersetzt, Missstände anprangert und seine Reflexionen auf diese unvergleichlich geistreiche und humorvolle Art an seine Mitmenschen weitergibt. Und wem ist sie nicht teurer Rat, diese Warnung, keinen *Playboy*-Bunnys nachzustellen, denn immerhin könne diese Form der Hasenjagd für viele viel zu schnell viel zu teuer werden!

✍ Das *Museum* ist immer mittwochs von 14 bis 18 Uhr geöffnet. Für Gruppen können gesonderte Besuchstermine vereinbart werden.

PFARRHOF WINHÖRING /// NEUÖTTINGER STRASSE 7 ///
D-84543 WINHÖRING /// 00 49 / 86 71 / 9 98 70 ///
WWW.WINHOERING.DE ///

CAFÉ KRONBERGER /// NEUÖTTINGER STRASSE 2 ///
D-84543 WINHÖRING /// 00 49 / 86 71 / 23 13 ///
WWW.CAFE-KRONBERGER.DE ///

O weh! Es kann schon am Ego nagen, wenn man als der »ehemals Schönste« tituliert wird. Denn bei aller Freude – das »ehemals« stört doch ein wenig, zumindest, wenn man ein bisschen eitel veranlagt ist. Wie mag es da dem Pfarrhof in Winhöring ergangen sein, als er 1993 als einer der »ehemals schönsten Ökonomiepfarrhöfe Bayerns« ausgezeichnet und damit recht deutlich zum architektonisch alten Eisen geworfen wurde?

Ist er nun ein weiteres Mahnmal für die Vergänglichkeit alles Schönen? Natürlich nicht, denn er hat sich – und diese Fähigkeit kann man durchaus als Vorteil eines Bauwerks gegenüber dem Menschen sehen – seiner Altersflecken und Gebrechlichkeiten mittlerweile bestens entledigen können. Heute erstrahlt der Pfarrhof – ein bisserl Spachtel hier, ein neuer Vorbau dort – in zeitlos jugendlicher Frische. Dank all der vorbildlichen Renovierungen möchte man kaum glauben, dass die stattliche Barockanlage bereits im Jahre 1728 vom damaligen Winhöringer Pfarrer Stadler erbaut wurde. Aber wer den malerischen Innenhof erst einmal betreten hat, der fühlt sich unweigerlich in eben diese Epoche zurückversetzt. Wie mag es wohl zugegangen sein, im Wohnbau mit den geschwungenen Arkaden und Balustraden? Wer mag einst aus dem Turm geguckt haben, wer im Ökonomietrakt gewohnt, wer im Mesnerhaus gedient? Und wer hat im Westflügel, diesem imposanten Satteldachbau mit Türmchen und querovalen Lichtöffnungen, sein Mittagsmahl verzehrt und dann gleich daneben im Schatten der Bäume sein Nickerchen gehalten?

Genug geträumt, denn heute wird der Pfarrhof mehr denn je genutzt und gebraucht. Als Versammlungs- und Gruppenräume für die Pfarrgemeinde sowie als Gemeindebücherei. Aber vielleicht ist ja diese Betriebsamkeit genau das Geheimnis der ewigen Jugend …

🖉 Wer nach dem Besuch des Pfarrhofes besten Kaffee und Kuchen in angenehmer Atmosphäre genießen möchte, der kann dies gleich gegenüber im preisgekrönten Café Kronberger.

GNADENKAPELLE ALTÖTTING /// KAPELLPLATZ /// D-84503 ALTÖTTING ///
WWW.NEUESCHATZKAMMER.DE ///

WEITERE INFORMATIONEN ERHALTEN SIE BEIM WALLFAHRTS- UND
VERKEHRSBÜRO /// KAPELLPLATZ 2A /// D-84503 ALTÖTTING ///
00 49 / 86 71 / 50 62 19 38 /// WWW.ALTOETTING.DE ///

Wer sich in den Tagen vor Pfingsten nach Altötting begibt, der wird schon auf dem Weg dorthin nicht aus dem Staunen kommen. Denn Hunderte, nein Tausende Pilger, einige mit Holzkreuzen auf den Schultern, strömen aus allen Himmelsrichtungen zusammen, um in der kleinen Inngemeinde Kraft zu schöpfen und in der Gnadenkapelle gemeinsam zur *Schwarzen Maria von Ötting* zu beten.

Die aus Lindenholz geschnitzte Schwarze Madonna stammt wahrscheinlich aus Burgund oder vom Oberrhein und gelangte Mitte des 14. Jahrhunderts nach Altötting in die Heilige Kapelle St. Maria. Diese befindet sich im Zentrum der Wallfahrtsstadt, direkt am großzügig angelegten Kapellplatz, und ist einer der ältesten Sakralbauten Deutschlands. Der vorromanische Zentralbau wurde zwischen dem 8. und 10. Jahrhundert errichtet und in der Folge sukzessiv um Schiff, Spitzturm und Sakristei ergänzt. Auffallend sind die zahlreichen Votivtafeln in und an der Kapelle. Sie erinnern an die Sorgen und Nöte der Pilger und sind zum Teil mehrere 100 Jahre alt. Als Papst Benedikt XVI. im September 2006 Altötting als einer der bekanntesten Pilger besuchte, legte er seinen Bischofsring, den er zur Papstwahl getragen hatte, vor dem Gnadenbild der Schwarzen Madonna nieder. Der Ring ist heute am Zepter der Muttergottesstatue angebracht.

Warum aber wurde Altötting zu einem solch bedeutenden Wallfahrtsort? Der Legende nach soll im Jahre 1489 ein kleiner Junge im Mörnbach ertrunken sein, der heute bei Neuötting in den Inn fließt. Seine verzweifelte Mutter brachte den leblosen Körper zur Gnadenkapelle, um gemeinsam mit anderen Gläubigen für die Rettung ihres Sohnes zu beten. Das Wunder geschah, und das Leben kehrte in das für tot gehaltene Kind zurück.

✍ Schauen Sie auch ins Wallfahrtsmuseum, das ebenfalls am Kapellplatz liegt und neben wechselnden Ausstellungen sehr interessante Themenführungen anbietet.

PARKBAHN NEUÖTTING /// IM WESTLICHEN TEIL DES STADTPARKS (DULTPLATZ) /// LANDSHUTER STRASSE /// D-84524 NEUÖTTING /// WWW.PARKBAHN-NEUOETTING.DE.TO ///

DER WELT GRÖSSTER ZUGFÜHRER SEIN
Parkbahn in Neuötting

48

Wahrscheinlich hat jeder als Kind davon geträumt, später, wenn man groß ist, Lokomotivführer zu werden und mit Volldampf durch die Landschaft zu brausen, hinaus in die weite Welt und hinein in einen Kosmos voller bunter Abenteuer. Glück gehabt! Denn anders als bei Cowboys oder Astronauten, die leider oft unerreichbare Fantasien bleiben müssen, ist es wirklich nie zu spät für den Wunsch, einmal im Leben einen Zug zu steuern. Seit 2006 lässt die Parkbahn in Neuötting genau diesen Kindheitstraum wahr werden.

Zugegeben: Die Züge sind etwas kleiner, aber dafür nicht umso weniger beeindruckend. Gemächlich ziehen sie ihre Bahn auf dem weitläufigen Areal gleich neben dem Dultgelände und laden jedermann ein auf eine Reise in frühere Tage. Mit nostalgischem Charme haben begeisterte Hobbyhandwerker um die beiden Vereinsvorsitzenden Wolfgang Rohne und Johann Reitinger in unermüdlicher Eigenleistung und mit Liebe zum Detail im Westen des Stadtparks eine Anlage im Charme früherer Bahnepochen geschaffen, die nicht nur Kinderherzen höher schlagen lässt. Wahrlich unvergleichliche Fahrerlebnisse in maßstabsgetreuen, teils historischen Loks und Wagons auf einer Streckenlänge von insgesamt 500 Metern erwarten den neugierigen Besucher. Und spätestens beim authentischen Rattern des Zuges auf der zwölf Meter langen Stahlbrücke wähnt man sich am Ziel seiner abenteuerlichen Lokführerträume angekommen.

Also nichts wie hin, nach Neuötting, und hinauf auf die Zugmaschine, das Abfahrtshorn erschallen lassen, und schon kann es losgehen, auf eine Reise durch diese wunderbare Miniaturwelt voller historischer Bahnanlagen und Gebäude!

🚂 Fahrsaison der Parkbahn ist Anfang Mai bis Ende Oktober, jeweils am ersten und am dritten Sonntag im Monat und zu besonderen Anlässen.

ZUM PARK INNLEITE MIT DACHLWAND GELANGEN SIE ZU FUSS AB DEM
MARKTLER BADESEE /// QUENG 3 /// D-84533 MARKTL AM INN ///

DIE PREMIUMIMMOBILIE UMFLIEGEN

Park Innleite mit Dachlwand bei Marktl am Inn

49

Dohlen, jene schwarz-grau gefiederten Familienmitglieder der Raben, gelten nicht nur als äußerst frech, sondern auch als sehr intelligent. Daher ist es wenig verwunderlich, dass sie für den Bau des Eigenheims nur die besten aller Lagen in Betracht ziehen. Gerne mit Südausrichtung, unverbaubarer Aussicht, womöglich angeschlossenem Golfplatz und ruhiger Nachbarschaft. So auch an der Dachlwand bei Marktl am Inn, einer steilen, bisweilen sogar senkrechten Hangleite, die sich majestätisch rund 120 Meter über den Inn erhebt.

Inmitten eines über 200 Hektar großen Vogel- und Naturschutzgebietes haben Dutzende von Dohlen ihre Nisthöhlen am Hang errichtet. Dieser besteht aus einer Maserung von grauem und grünem Ton sowie rostrot ausgeprägtem Sand. Wer dem Federvieh dabei zusieht, wie es vergnügt seine Kreise über seinem beeindruckenden Anwesen zieht, beneidet es ein bisserl um sein exklusives Vogelleben in dieser unberührten Natur.

Doch auch für uns Menschen ist die Dachlwand etwas Besonderes. Hier erschließt sich ein hervorragender Einblick in die Landschaftsgeschichte des Unteren Inns. Die Hangleite wurde vom Fluss im Zuge seiner Eintiefung während und nach den Eiszeiten geschaffen. Verstärkt durch die Alz, die in den Inn mündet und ihn mit ihren Wassermassen immer weiter gen Norden drückt, wird die Dachlwand mit ihrem Vollschotter noch heute von unserem grünen Fluss bearbeitet. Die eindrucksvollen Prallhänge, unterspülte Abrisse und regelrechte Abbruchkanten, machen die Leiten zu einem einzigartigen Prachtstück der Natur, das jedoch nicht betreten werden darf. Sehr zur Freude ihrer so cleveren gefiederten Bewohner.

🖊 Die Besichtigung der Innleite mit Dachlwand lässt sich hervorragend mit einem Besuch des unmittelbar darunterliegenden Marktler Badesees verbinden.

ZUM »LEON-BURGER« GROOVEN

Landgasthof Leonberg in Marktl am Inn

50

Unter den vielen schönen Biergärten Bayerns sticht der Leonberger in Marktl deutlich hervor. Wegen des freundlichen Personals, der angenehmen Atmosphäre, der schattigen Kastanien, der Lage an den herrlichen Innleiten und der beeindruckenden Aussicht, die an föhnigen Tagen bis zu den Salzburger Alpen reicht. Darüber hinaus steht der über 300 Jahre alte Landgasthof auf einzigartige Weise für die bayerische Tradition und Kultur. Diese besondere Mischung macht einen Besuch auf dem ehemaligen Gutshof mit der bescheidenen Adresse Leonberg 57 ¼ zu einem unvergesslichen Ereignis.

Der Landgasthof bietet eine ganze Reihe bayerischer Highlights, die man weder als Einheimischer noch als Tourist versäumen sollte. Sei es das Bauerntheater der Leonberger Trachtler oder die berühmte Schafkopfschule, in der man das bayerische Traditionskartenspiel vom Vizeweltmeister Walter Schreitt persönlich erlernen darf. Ein außerordentliches Schmankerl wird zudem alle vier Wochen beim Leonberger Musikerstammtisch geboten. Jeden letzten Samstag im Monat packt der Girgl Fröhlich seine Gitarre aus, beginnt mit seinen Freunden zu musizieren und den Biergarten in eine rhythmisierte Stimmung zu tauchen, die ihresgleichen sucht. Da neue Teilnehmer immer willkommen sind, kann es schon einmal vorkommen, dass Querflöten, Didgeridoos oder eine mittelalterliche Drehleier den satten Gitarrensound bereichern und zum wirklich einzigartigen Groove werden lassen.

Wer sich dann noch die Spezialität des Hauses – den köstlichen »Leon-Burger« aus einem frischen Rinderpatty, Salat und Weißbrot – und eine Halbe Bier bestellt, der hat alles getan, um einen denkwürdigen Abend inmitten dieser idyllischen Umgebung zu erleben.

✐ Unter dem Format *Leonberg lauscht* bietet der Landgasthof auch Newcomern aus der Region die Möglichkeit, vor größerem Publikum aufzutreten. Das Programm finden Sie auf der Homepage des Landgasthofs.

**GEBURTSHAUS PAPST BENEDIKT XVI. /// PFARRSTRASSE 2 ///
D-84533 MARKTL AM INN /// 00 49 / 86 78 / 74 76 80 ///
WWW.PAPSTHAUS.EU ///**

»Wir sind Papst!« Es gibt wohl keinen Bundesbürger, der sich dieser berühmten Schlagzeile der *BILD*-Zeitung im Jahr 2005 hätte entziehen können. Die ganze Republik nahm daran Anteil, als mit Josef Kardinal Ratzinger 483 Jahre nach Hadrian VI. wieder ein Deutscher zum Oberhaupt der katholischen Kirche gewählt wurde. Wellen der Begeisterung erreichten seine Heimat Bayern, und ehe man sich versah, gab es an den früheren Lebensstationen Benedikts XVI. diverse Artikel mit seinem Konterfei zu kaufen – von Büchern und Bildbänden über Kühlschrankmagnete bis hin zum Papst-Bier und der Papst-Torte. Auch das bis dahin eher unbeschriebene Marktl wurde von der Euphorie erfasst, und Tausende von Touristen aus der ganzen Welt strömten herbei, um die Geburtsstätte des neuen Pontifex Maximus zu besichtigen. Nur etwas kam in all dem Trubel vielleicht zu kurz: sein Wirken.

Unter all den Sehenswürdigkeiten rund um das Leben des Papstes sticht sein Geburtshaus in Marktl wahrlich hervor. In einem kleinen Zimmer im ersten Stock schenkten ihm seine Eltern am Karsamstag des Jahres 1927 das Leben, hier machte er seine ersten Schritte auf der Erde, und hier lernte er zu sprechen. Ein historischer Ort, der dank der *Stiftung Geburtshaus Papst Benedikt XVI.* ganz im päpstlichen Sinne 2006 zur Stätte einer »würdigen Begegnung mit den Fragen unseres Glaubens« weiterentwickelt wurde. Egal, ob in den Biographie- oder den Vertiefungsräumen – die klar gestalteten Zimmer bieten zahllose Gelegenheiten, sich mit den Lebensstationen ebenso wie mit den theologischen Positionen des gebürtigen Martklers auseinanderzusetzen. Und damit ergibt sich ebenfalls die Chance, der so grundlegenden Frage nach dem eigenen Woher nachzugehen, inspiriert durch das Wirken »unseres« Papstes.

☞ Nehmen Sie sich Zeit und lassen Sie den Platz vor dem Geburtshaus mit der Benediktsäule bei einem Kaffee und – wenn Sie möchten – einem Stück Papst-Torte auf sich wirken.

ZUM INNSPITZ GELANGEN SIE ZU FUSS AUF EINEM CIRCA 1,5 KILOMETER
LANGEN WANDERWEG AB DEM PARKPLATZ AM SPORTHEIM ///
SALZACHSTRASSE 18 /// D-84533 HAIMING ///

Es kann schon einmal vorkommen, dass der Weg zum Innspitz bei Haiming mit querliegenden Baumstämmen versperrt ist. Wer sich davon nicht abschrecken lässt und sich den Hindernissen nähert, wird schnell erkennen, dass diese nicht von Menschenhand positioniert, sondern offensichtlich genüsslich von kräftigen Zähnen zurechtgenagt worden sind. Spätestens dann wird klar: Wer jetzt noch einen Schritt weitergeht, der betritt das bayerische »Beaver County«. Hier, an der Mündung der Salzach in den Inn, haben sich die possierlichen Biber eine kleine Kolonie eingerichtet und genießen das Leben im Landschaftsschutzgebiet Salzachtal in vollen Zügen – Herumplantschen im Wasser, Burgenbauen und Baumnagen all-inclusive.

Natürlich ist die Aussicht, einem Biber mit all dem gebotenen Abstand in natura zu begegnen, nicht der einzige Grund, den malerischen Weg an den Innspitz auf sich zu nehmen. Ausgeprägte Röhrichtzonen an den Ufern sowie der dichte Auenwald bieten einer Reihe teils sehr seltener Tier- und Pflanzenarten einen Lebensraum. Im Frühjahr blühen Märzenbecher, Schneeglöckchen und Buschwindröschen, und der Bärlauch verströmt seinen ganz eigenen aromatischen Duft. Wenn dann das verliebte Haubentaucherpärchen mitsamt Nachwuchs seine Bahnen durch das silbern schimmernde Wasser zieht, scheint die Auenidylle perfekt.

Richtig genießen kann man das Naturparadies von dem kleinen Bankerl aus, das von umsichtigen Menschen an der schönsten Stelle direkt an dem Spitz platziert worden ist. An dieser Stelle kann man auch eine Notiz in den Briefkasten stecken, der daneben aus dem Gras hervorlugt. Gibt es eine Biber-Post? An diesem Ort werden Sie es erfahren!

✍   Von Haiming ist es nur ein Katzensprung nach Burghausen, wo Sie unter anderem die längste Burg der Welt bewundern können.

IN(N) ENERGIE ARENA /// AU 1 /// D-84375 KIRCHDORF AM INN ///
WWW.KIRCHDORF-WILDCATS.DE ///

»In(n) Energie Arena« in Kirchdorf am Inn

53

Das Schöne an der zauberhaften Innlandschaft sind die vielen Überraschungen, die die Region bereithält. Seltene Pflanzenarten und Vogelkolonien, aber auch Reisebusse aus Wiesbaden, Frankfurt oder Berlin sowie einen Flughafen direkt neben einem American-Football-Spielfeld. Ungewöhnlich? In jedem Falle!

Es muss Anfang der 1980er-Jahre gewesen sein, als sich neugierige Rottaler zum ersten Mal für die US-amerikanische Sportart interessiert haben und mit den *Wildcats* einen eigenen Verein gründeten. In den folgenden 30 Jahren hat diese Begeisterung ein Stadion inmitten der Auen gleich neben einem Segelflugplatz hervorgebracht, was in Deutschland wohl einzigartig sein dürfte. Heute ist die 5.000-Seelen-Gemeinde Kirchdorf der kleinste Heimatort einer Bundesliga-Football-Mannschaft.

Während der Saison von April bis September kann man in der *In(n) Energie Arena* das wunderbare Treiben verfolgen, das die gesamte Gemeinde in Atem hält. Dann kommen Mannschaften aus allen Ecken Deutschlands und liefern sich unter den Augen der jubelnden Zuschauer spannende Schlachten mit dem niederbayerischen Heimatteam. Abseits des Spielfeldes locken Hüpfburgen, Bands und DJs, *Wildcats*-Burger und eigens produzierte *Wildcats*-Getränke. Der legendäre Stadionsprecher Vamos heizt neuen und altbekannten Fans mächtig ein, und wer bereits etwas Erfahrung hat, der darf oben auf dem »Experten-Hügel« mit Fachkundigen und Footballveteranen fachsimpeln oder einfach schlau daherreden. Wer lieber direkt im Geschehen bleiben möchte, packt Familie, Hund, Decke und Liegestuhl ein und macht es sich hinter dem Footballtor bequem. Unter Pappeln und Silberweiden kann man im Schatten das Match bequem verfolgen. Inmitten der Kirchdorfer Auen, im kleinsten Footballdorf des Landes.

Wer eine entspannte erste Begegnung mit der amerikanischen Sportart sucht, ist bei den *Wildcats* goldrichtig. Der Stadionsprecher kommentiert unterhaltsam und auch für Laien verständlich.

ZUR RITZINGER AUE FÜHRT EINE RUND ZEHNMINÜTIGE WANDERUNG AB
DER WALDSEE STUB'N /// AM KIRCHDORFER WALDSEE 1 ///
D-84375 KIRCHDORF AM INN ///

IMMER SCHÖN DEALPIN BLEIBEN

Ritzinger Aue bei Kirchdorf am Inn

54

Ungestüm muss es hergegangen sein, damals, als der Inn noch wild war. Sein Lauf änderte sich ständig, mal fielen die Auenwälder trocken, mal waren sie über Monate hinweg überschwemmt. Heute, mehr als 100 Jahre nach Beginn der Innbegradigung und -befestigung, kann man diese ursprüngliche Landschaft nur noch erahnen. Die »Verkünstelungen am Flussverlauf«, wie ein Baumeister bereits 1810 die Eingriffe in die Natur abfällig beschrieb, werden vielerorts mitverantwortlich für die Verarmung der Artenvielfalt gemacht. So sehr diese Kritik auch berechtigt sein mag, so wenig darf sie darüber hinwegtäuschen, dass die nunmehr hochwassersicheren Bereiche mitunter einzigartige Biotope vorweisen können. Die wohl prominentesten Beispiele hierfür sind die sogenannten Brennen in der Ritzinger Aue bei Kirchdorf.

Bei Brennen handelt es sich um Trockenstandorte, die sich auf Kiesbänken des Flusses entwickelt haben und von seltenen Tier- und Pflanzenarten besiedelt sind, die ansonsten vor allem in den Alpen existieren. Also Augen auf während einer Wanderung durch die dichten Silberweiden-, Grauerlen- und Eschenwälder am Inn. Wer auf einmal auf sonnendurchflutete Lichtungen trifft, die lediglich spärlich von einem Berberitzen-Sanddorn-Gebüsch umrandet sind, kann sich darüber freuen, eine wunderbare Kostbarkeit der Natur entdeckt zu haben. Und wer genau hinsieht, wird zur richtigen Jahreszeit wunderschöne, streng geschützte dealpine Pflanzen wie den Franzen-Enzian oder das Helm-Knabenkraut inmitten von bunten Schmetterlingen blühen sehen.

Vielleicht begegnet der ein oder andere auch den Schafen, die einmal im Jahr auf den Brennen weiden und damit höhere Vegetation verhindern, die der Flora und Fauna schaden könnte. Ganz im Sinne einer nachhaltigen Bewirtschaftung der idyllischen Ritzinger Aue.

✎   Lassen Sie Ihre Erkundung durch die Ritzinger Aue mit einem Bad und einem gemütlichen Kaffee auf der Sonnenterrasse der *Waldsee Stub'n* am Kirchdorfer Badesee ausklingen.

Es ist noch nicht lange her, dass die Simbacher mitunter weite Fahrten in Kauf nehmen mussten, um mal »so richtig was zu erleben«. Für die jüngere einheimische Generation ist das kaum mehr vorstellbar, denn heutzutage ist es nur noch ein Katzensprung ins Vergnügen, genauer gesagt in den *Lokschuppen*. Die zentral gelegene, ehemalige Ausbesserungsanlage für Bahnwaggons beherbergt eine der beliebtesten Eventlocations in Südostbayern. Man muss hinzufügen: der Kinofilmreihe *Die wilden Kerlen* und der Fußballnationalmannschaft sei Dank!

Als ganz Deutschland 2006 das WM-Sommermärchen erlebte, veranstaltete die Simbacher Gastronomenfamilie Zeiler auf dem alten Bahngelände ein zünftiges Public Viewing. Begeistert von der noch teildekorierten Filmkulisse der »wilden Kerle«, die hier kurz zuvor gedreht worden waren, fassten Vater Helmut, Mutter Anni und Sohn Oliver all ihren unternehmerischen Mut zusammen und renovierten nach der WM die denkmalgeschützte Bauruine. 2009 wurden Restaurant, Bar, Café und Eventbereich eröffnet. Und Simbach war um eine Vielzahl an Freizeitmöglichkeiten reicher geworden, vereint unter einem Dach.

Heute kann man im *Lokschuppen* Unterhaltung und Genuss den ganzen Tag und die ganze Woche über finden – ob ein leckeres Frühstücksbüffet im Café, die stets frischen regionalen und saisonalen Köstlichkeiten im Restaurant oder ein gemütlicher Cocktail an der Bar. Zumal es lediglich wenige Schritte zum Eventbereich sind, in dem sich das »Who is who« der bayerischen Musik- und Kabarettszene die Klinke in die Hand gibt. Zudem locken einmal im Monat die kultigen »Ü30-Partys« unzählige Junggebliebene aus der Region an, die endlich mal »so richtig was erleben wollen«.

🖉 Ein besonderes Spektakel ist die Simbacher Pfingstdult, die im und um den *Lokschuppen* herum stattfindet – empfehlenswert für die ganze Familie!

EISERNES ROSS /// AUF DEM GIEBEL DES HOTELS ALTER WEINHANS ///
LINZER STRASSE 21 /// A-5280 BRAUNAU AM INN ///
00 43 / 77 22 / 6 34 71 /// WWW.HOTEL-NEUSSL.AT ///

ZUM RÖSSL AUFSCHAUEN
Eisernes Ross in Braunau am Inn

Pferde gelten ja nicht als sonderlich schwindelfrei. Wenn sie neben Abgründen galoppieren müssen, werden sie schon mal unruhig und störrisch. Insofern muss man dem Eisernen Rössl wirklich Respekt zollen, denn es thront in wahrlich schwindelerregender Höhe auf dem Dach des *Alten Weinhans* in Braunau am Inn. Seit vielen Jahrhunderten blickt es auf die älteste und größte Stadt der Region herab. Was es schon alles gesehen haben mag?

Als Kaiser Karl VI. 1740 gestorben war und seine Tochter Maria Theresia den österreichischen Erzherzogsthron in Anspruch nahm, passte dies einigen europäischen Fürsten überhaupt nicht. Der österreichische Erbfolgekrieg brach aus und sollte die Welt acht Jahre lang in Atem halten. Auch das bis dahin bayerische Braunau bleib davon nicht verschont und wurde 1743 von den Österreichern sechs Wochen lang belagert. Um die Bewohner in dieser schweren Zeit vor dem Hungertod zu bewahren, wurden alle Pferde bis auf das letzte Tier geschlachtet – vergebens. Nur wenige Tage später musste sich die tapfere Bevölkerung darbend ergeben. Das ehemals bayerische Braunau fiel an die Habsburger, und der Inn wurde plötzlich zum Grenzfluss. In Gedenken an diese historischen Ereignisse wurde das Eiserne Rössl auf einem Häuserdach in der Linzer Straße errichtet.

Freilich stammen all die Löcher, die man bei genauem Hinsehen im Braunauer Wahrzeichen erkennen kann, nicht aus der Zeit des österreichischen Erbfolgekrieges. Vielmehr entstanden sie über 200 Jahre später, als die Amerikaner am 2. Mai 1945 die Geburtsstadt Adolf Hitlers vom Nazi-Regime befreiten und mit ihren Pistolen auf das Rössl schossen. So als hätten sie damit alle bösen Geister aus dieser Stadt vertreiben wollen.

🐎 Das Eiserne Rössl thront auf dem Dach des traditionsreichen Hotels *Alter Weinhans*. Es eignet sich wunderbar als Ausgangspunkt für weitere Erkundungen in Braunau und Umgebung.

STADTPLATZ MIT RATHAUS UND FISCHERBRUNNEN ///
A-5280 BRAUNAU AM INN /// WWW.BRAUNAU.AT ///

CAFÉ-KONDITOREI KNOLLMAYR /// STADTPLATZ 5 ///
A-5280 BRAUNAU AM INN /// 00 43 / 77 22 / 63 34 01 ///
WWW.KNOLLMAYR.STADTAUSSTELLUNG.AT ///

SICH WIE EIN KAISER FÜHLEN

*Rathaus und Fischerbrunnen am Stadtplatz
in Braunau am Inn*

Immer im Juli, wenn das Wetter richtig schön ist und weder mit sonnigen Tagen noch lauschigen Nächten geizt, lockt in Braunau das große Stadtfest. Zwei Tage lang kommen die Bewohner beider Seiten des Inn auf dem historischen Marktplatz zusammen und feiern gemeinsam zu bester Musik und köstlichem Essen. Nicht selten finden in diesem niederbayerisch-oberösterreichischen Trubel zwei Menschen zueinander, die sich mehr als sympathisch sind, auch wenn sie vielleicht ihr Gegenüber nicht immer auf Anhieb verstehen. »Geh herst, bist deppad?«

Egal, ob Braunauer oder Simbacher – der beste Treffpunkt fürs erste Date, da ist man sich grenzüberschreitend einig, ist der Fischerbrunnen auf dem Braunauer Stadtplatz. Im Schatten seiner mächtigen, mit den Wappen Bayerns und Braunaus verzierten Heilandsstatue wurden noch bis 1939 lebendige Fische verkauft. An dieser zentralen Stelle lässt es sich prächtig auf die Angebetete warten. Und falls diese sich mal verspäten sollte, gibt es genug zu bestaunen: All die wunderschönen Fassaden rund um den Marktplatz, das Paumgartner'sche Freihaus mit dem Bezirksgericht, das Schiffmeister-Haus, in dem einst Herzöge und Kaiser übernachteten, und natürlich das Schüdlhaus, in dem bereits der bayerische König Max I. und sogar Napoleon residierten.

Zu Recht darf man sich an diesem von Cafés gesäumten Ort angesichts des prächtigen Braunauer Rathauses selbst wie ein kleiner Kaiser fühlen. Niemand geringerer als seine Majestät Franz Josef I. von Österreich-Ungarn stand nämlich 1903 an eben dieser Stelle beim Fischerbrunnen, als er eben dieses Rathaus feierlich eröffnete. Und der Franz, nun ja, der war ja bekanntlich mit der Schönsten aller Schönen liiert: Elisabeth Amalie Eugenie, kurz Sisi, Herzogin in Bayern.

🖉 Die besten Kuchen und Torten, nicht nur fürs erste Date, gibt es gleich vis-à-vis des Rathauses im Café Knollmayr!

BUCHHANDLUNG ANTON PFEILER JUN. /// **INNSTRASSE 7** ///
D-84359 SIMBACH AM INN /// **00 49 / 85 71 / 25 17** ///
WWW.PFEILER.DE ///

Bei all der Digitalisierung wird dem guten alten Buchdruck immer wieder der Untergang prophezeit. Welch großer Verlust dieser wäre, wird einem bewusst, wenn man im Antiquariat von Anton Pfeiler Junior auf Entdeckungstour geht. Im ruhigsten Eck dieser bezaubernden Buchhandlung öffnet sich dem Besucher eine einzigartige Schatzkiste: Der Herr des Hauses hat um die Jahrtausendwende angefangen, Reproduktionen mittelalterlicher Handschriften zu sammeln, und mittlerweile eine prunkvolle Auswahl erlesener Faksimiles aus rund 250 Editionen zusammengetragen.

Höhepunkte gibt es unzählige unter all den Büchern, die sowohl mit ihren Inhalten als auch mit ihren bunten detailreichen Verzierungen zu verzaubern wissen: die prachtvoll ausgeschmückten Heiligen Schriften, die zahlreichen goldverzierten Stundenbücher, die alttestamentarische jüdische *Alba Bibel* oder das eindrucksvolle Faksimile *Book of Kells*, das als herausragendes Beispiel frühmittelalterlicher Buchmalerei gilt und 2011 zum Weltdokumentenerbe erklärt wurde.

Anton Pfeiler ist ein anerkannter Sachverständiger, er beliefert berühmte Bibliotheken, und seine Faksimiles erfreuen sich globaler Wertschätzung. Für ihn jedoch ist es mit das größte Glück, seine wertvollen Drucke als »Kunst zum Anfassen« in seinem Laden zu präsentieren und Einsteiger sowie Hobbysammler dafür zu begeistern. Seine außergewöhnliche Wertschätzung des gedruckten Wortes erstaunt freilich wenig, denn in ihren Ursprüngen lässt sie sich bis zur alten Simbacher Bahnhofsbuchhandlung zurückverfolgen. Von dort aus hat nämlich bereits Anton Pfeilers Urgroßvater unzählige Generationen auf wunderbare Reisen in die Welt der Bücher begleitet.

✍ Anton Pfeiler veranstaltet zweimal jährlich die renommierten *Simbacher Buchkunsttage* – der ideale Einstieg in die faszinierende Welt der Faksimiles!

STADTPFARRKIRCHE ST. STEPHAN MIT AUSSICHTSPLATTFORM ///
KIRCHENPLATZ 1 /// A-5280 BRAUNAU AM INN /// 00 43 / 77 22 / 6 26 44 ///

WEITERE INFORMATIONEN ERHALTEN SIE VON
TOURISMUS BRAUNAU AM INN /// STADTPLATZ 2 ///
A-5280 BRAUNAU AM INN /// 00 43 / 77 22 / 6 26 44 ///
WWW.TOURISMUS-BRAUNAU.AT ///

Anstrengend war das für die Nikki damals, 1996, als sich die Braunauerin nach der Matura durch ihren über 1.500 Seiten dicken Schmöker quälte, während ihre Clique unbeschwerte Sommerferien im Braunauer Freibad genoss. Eine leichte Kost ist *Krieg und Frieden*, jenes ausschweifende Meisterwerk des russischen Autors Leo Tolstoi, definitiv nicht. Aber sie hat sich tapfer durchgekämpft durch all die Irrungen und Wirrungen rund um den dritten Koalitionskrieg gegen Napoleon, bis sie auf einmal – es muss bei Kapitel 26 gewesen sein – unwillkürlich grinsen musste: Es stimmte tatsächlich! Braunau, ihrer Heimat, war ein eigener Abschnitt gewidmet, der das Städtchen quasi zu einem festen Bestandteil der Weltliteratur erhob.

Für die Einheimischen hat Tolstois opulenter Wälzer einen besonderen Stellenwert. Er bindet ihre Stadt in wahrhaft globale historische Dimensionen ein. Österreich, Großbritannien, Russland und Schweden kämpften um 1805 gegen Frankreich und seine Verbündeten, darunter auch die Bayern. Die Festungsstadt am Inn wurde dabei mehrmals von französischen Truppen besetzt, diente beiden Parteien als Aufmarschgebiet, und sogar Napoleon Bonaparte sowie sein Gegenspieler, der russische Nationalheld Michail Illarionowitsch Kutusow, residierten kurz hintereinander hier.

Natürlich muss man *Krieg und Frieden* nicht gelesen haben, um sich die historischen Schauplätze in Braunau vor Augen zu führen. Ein Gang hinauf auf die Aussichtsplattform der Stadtkirche St. Stephan reicht aus. Von dort aus hat man eine wunderbare Aussicht in alle Richtungen und kann die Felder wiederentdecken, wo dereinst Heere lagerten und Weltgeschichte wie auch Weltliteratur geschrieben wurden. Wenn das die Nikki in diesem heißen Sommer 1996 nur gewusst hätte …

Am besten verbinden Sie den Gang auf den sechsthöchsten Kirchturm Österreichs mit einer informativen Stadtführung, die vom Tourismusverband Braunau regelmäßig angeboten wird.

KATHOLISCHE PFARRKIRCHE ST. GEORG UND ST. URBAN ///
BERGSTRASSE 1 /// D-94166 STUBENBERG /// 00 49 / 85 73 / 4 82 ///

DEN ZAUBER DES ORTES WIRKEN LASSEN

Pfarrkirche St. Georg und St. Urban in Stubenberg

60

Wenn auf einen Ort das Motto »klein, aber oho« zutrifft, dann auf Stubenberg im Hinterland des Inns. In der 1.400-Seelen-Gemeinde verbirgt sich eine Vielzahl an Kostbarkeiten, die jede für sich schon einen Besuch wert ist. Aufgrund seiner Schönheit dient das Dorf zudem regelmäßig als Filmkulisse, unter anderem für die beliebten Niederbayernkrimis. Der bedeutendste Platz – das ist den Einheimischen schon seit Langem klar – ist der mächtige Schlossberg, auf dem die Pfarrkirche St. Georg und St. Urban über die Gemeinde wacht.

Im tiefsten Inneren des Schlossberges, so heißt es, befindet sich ein unschätzbar wertvoller goldener Vierspänner, der vor vielen 100 Jahren verschüttet worden ist. Doch auch an der Oberfläche warten wahre Juwelen darauf, entdeckt zu werden. Den Geist der Geschichte verströmen die Überreste des einstigen Herrschaftssitzes der Edlen von Stubenberg, die viele Jahrhunderte an diesem Ort gelebt haben, ehe sie im Dunkel des Spätmittelalters verschwanden. Eine ebenso lange Historie erzählt die gotische Pfarrkirche St. Georg und St. Urban, die im 13. Jahrhundert als Schlosskirche gebaut wurde und innerhalb deren Mauern sich gar seltsame Dinge abgespielt haben müssen. Hier, vor dem Gnadenbild der Gottesmutter Maria, sollen einst fast 100 Wunder geschehen sein, welche die Grundlage dafür bildeten, dass Stubenberg bis in das 20. Jahrhundert hinein ein bekannter Wallfahrtsort gewesen ist.

Ein weiteres erstaunliches kulturelles Phänomen des Dorfes stellt das *Stubenberger Liederbuch* dar, in dem von 1776 bis 1815 über 700 Weisen aufgeschrieben worden sind. Es gilt als der größte Liedschatz volkskundlicher Lieder im bayerischen Raum.

Künstlerisch beeindruckend ist zudem der Friedhof der Pfarrkirche. Er wurde mit seinen 16 Grabdenkmälern aus rotem Marmor aus dem 16. und 17. Jahrhundert 2015 als schönster Bayerns ausgezeichnet.

MÖRDERISCH GUT ESSEN
Gasthaus zur Hofmark in Stubenberg

61

Wild geht es her, wenn die Haindl Dani zu Besuch ist beim Ecker Jörg. Denn dann findet ihre *Mördernacht* in seinem Gasthaus zur Hofmark statt, und der Abend wird mindestens eine Leiche fordern. Mittendrin die Gäste, die aktiv an der Lösung der selbst verfassten bayerischen Kriminalfälle mitwirken dürfen. Und dank der spannenden Handlung, der ausgefallenen Charaktere und der charismatischen Schauspieler wird der Abend beim Vier-Gänge-Menü nicht nur zum kulinarischen Höhepunkt, sondern auch zur vergnüglichen Unterhaltung.

Das renommierte Restaurant in Stubenberg gilt bei Besuchern inner- und außerhalb der Region als feinste gastronomische Adresse. Das liegt neben den beliebten Krimiabenden vor allem an Jörg Ecker, der das Lokal vor einigen Jahren vom Vater übernommen und zu einer wahren Feinschmeckeroase weiterentwickelt hat. Hier wird heute nicht nur traditionelle »Wirtshauskuchl« kredenzt, sondern auch exklusive Gourmetküche, die vom ausgefallenen Oktopus-Carpaccio über exquisiten Rehrücken bis zu den köstlichen Topfen-Servietten-Knödeln reicht. Jörg Ecker profitiert dabei von einer Ausbildung, die ihn zu Meisterköchen in der ganzen Welt geführt hat. Als besonderes Qualitätsmerkmal kann er zudem bei fast allen Speisen auf regionale Produkte aus der eigenen Metzgerei zugreifen.

Besonders behaglich wird es in der seit 1863 bewirteten Stub'n, wenn im Winter der große Kachelofen beheizt wird. Die gemütliche Atmosphäre verführt dazu, am liebsten ewig bleiben zu wollen, um dem Treiben am traditionellen Stammtisch beizuwohnen. An wärmeren Tagen lockt der idyllische Biergarten, in dem man sich Brotzeit und kühle Getränke unter den urigen Kastanien schmecken lassen kann. Um sich dann ganz entspannt zurückzulehnen und den Augenblick zu genießen.

✍ Jörg Ecker bietet regelmäßig Kurse für Hobbyköche an, die auch als individuelles Familien- oder Firmenevent angelegt werden können. Eine Partie auf der alten Kegelbahn ist zudem höchst unterhaltsam!

EIN WUNDERBARES PANORAMA ÖFFNET SICH AN DER
KAPELLE BERTENÖD /// BERTENÖD /// D-94166 STUBENBERG ///

NÄHERE INFORMATIONEN ERHALTEN SIE BEI DER
GEMEINDE STUBENBERG /// HOFMARK 14 /// D-94166 STUBENBERG ///
00 49 / 85 71 / 25 27 /// WWW.STUBENBERG.DE ///

DEN SCHÖNSTEN AUSBLICK HABEN

Bertenöder Kapelle zwischen Stubenberg und Ering

62

»Was für eine fabelhafte Aussicht!« Wer glaubt, ein spektakuläres Inntalpanorama bieten nur die alpinen Gipfel, der wird spätestens an der Bertenöder Kapelle eines Besseren belehrt. Nicht selten sprechen die Einheimischen sogar von dem schönsten Ausblick der Welt, wenn sie in andächtiger Ruhe auf einem der kleinen Bankerl Platz nehmen, die warmen Sonnenstrahlen auf der Haut und die Landschaft vor ihren Augen genießen: Nach Süden erstrecken sich der grüne Fluss, die Hagenauer Bucht und das Europareservat bis hin zum Höllengebirge, dem Hohen Zinken, Hochkönig, Watzmann, den Chiemgauer Alpen und dem Wilden Kaiser.

Die Kapelle liegt etwas oberhalb von Stubenberg auf einer Anhöhe, umgeben von malerischen Birken- und Eichenwäldchen. Mehrere Bänke und Tische laden ein, innezuhalten und die traumhafte Fernsicht auf sich wirken zu lassen. Egal, ob im Frühling, Sommer, Herbst oder Winter – das Panorama ist zu jeder Jahreszeit atemberaubend. Bertenöd ist ein inspirierender Platz, der bereits seit vielen Jahrhunderten eine besondere Faszination auf die Einheimischen ausübt. Jung und Alt, alle kommen gerne hierher hinaus, und ein jeder verbindet seine eigene sentimentale Geschichte mit diesem Ort.

Sogar ein echter Papst soll schon an dieser Stelle hoch über dem Inn gesessen und sich der schönen Aussicht erfreut haben: Poppo von Brixen, der um das Jahr 1000 im nahe gelegenen Pildenau geboren wurde und 1048 unter dem Namen Damasus II. Oberhaupt der katholischen Kirche wurde. Er saß lediglich 24 Tage auf dem Stuhl Petri, bevor ihn eine schwere Krankheit, vermutlich Malaria, dahinraffte. An ihn erinnert heute die Bertenöder Kapelle, die nicht zuletzt dank einer wunderschönen Damasus-Skulptur des Inntaler Bildhauers Dominik Dengl als kulturelles Kleinod der Region gilt.

🖋 Packen Sie Ihre Wanderstöcke und folgen Sie dem gut ausgeschilderten, circa neun Kilometer langen Rundwanderweg 17, der von Stubenberg über Bertenöd bis zur legendären Zwergerlhöhle von Pildenau führt.

ZUM EUROPARESERVAT UNTERER INN GELANGEN SIE ZU FUSS AB DEM
PARKPLATZ AM VOGELTURM /// EGLSEE /// D-94140 ERING AM INN ///

WEITERE INFORMATIONEN ERHALTEN SIE BEIM
INFOZENTRUM EUROPARESERVAT UNTERER INN /// INNWERKSTRASSE 15 ///
D-94140 ERING AM INN /// WWW.EUROPARESERVAT.DE ///

MIT DEN VÖGELN AUFSTEHEN

Europareservat Unterer Inn bei Ering am Inn

63

Zugegeben, man muss kein »Early Bird« sein, um das Europareservat Unterer Inn in seiner Vielfalt bewundern zu können. Die silbern glänzenden Auenwälder und ihre zahlreichen tierischen Bewohner locken Naturliebhaber zu jeder Tageszeit an. Das Naturschutzgebiet zeigt sich jedoch frühmorgens in seiner gesamten Pracht, wenn die Sonne über der unberührten Landschaft aufgeht, die Tier- und Pflanzenwelt erwacht und über 300 Vogelarten ein orchestrales Konzert anstimmen.

Noch vor nicht allzu langer Zeit wartete man in dieser Gegend bei Ering vergebens auf solch wunderbare Erfahrungen. Flussbegradigungen und Uferbefestigungen hatten seit dem 19. Jahrhundert den ehemals wilden Inn gebändigt, der Grundwasserspiegel war gesunken und die Auenwälder trockneten zunehmend aus. Ironischerweise führte die Errichtung des Kraftwerks Ering-Frauenstein 1942 dazu, dass heute bewusst geschützte Lebensräume für seltene Tiere und Pflanzen wieder entstehen konnten. Durch dessen Bau wurde die Fließgeschwindigkeit des Inns verringert, sodass sich Wasserspiegel und Auen wieder stabilisieren konnten. Bereits 1972 konnte der Untere Inn zum Naturschutzgebiet erklärt werden, und 1979 erhielt er sogar das Prädikat eines Europareservats, das seine herausragende Bedeutung als internationales Vogelschutzgebiet unterstreicht.

Am gemütlichsten wie auch am schönsten ist die Flora und Fauna am Unteren Inn vom Eringer Vogelturm aus zu beobachten. Wer dort als »Early Bird« den Sonnenaufgang verfolgt, findet sich bald in bester Gesellschaft und hört Silberreiher, Lachmöwen, Kiebitze, Flussregenpfeifer und mit etwas Glück sogar den Eisvogel fröhlich grüßen. Als wollten sie ihrer Freude Ausdruck verleihen, wie schön sie es haben, in dieser zwar nicht natürlichen, aber immerhin wieder naturnahen Landschaft.

Ein Besuch im *Infozentrum Europareservat Unterer Inn* in Ering lohnt sich! Besonders empfehlenswert sind die angebotenen Vogel- und Biberwanderungen.

ÜBER DAS ERINGER INNKRAFTWERK ERREICHT MAN MIT DEM RAD ODER ZU FUSS BEQUEM DIE BURG FRAUENSTEIN /// FRAUENSTEIN 1 /// A-4962 MINING AM INN /// 00 43 / 77 23 / 2 13 53 /// WWW.BURG-FRAUENSTEIN.COM ///

NUR MAL SCHNELL RÜBERRADLN

Über das Innkraftwerk zur Burg Frauenstein
in Mining am Inn

64

Am Inn bei Ering kursiert ein geflügelter Ausdruck unter der Bevölkerung: »nur mal schnell rüberradln«. Einheimische wissen gleich, was damit gemeint ist: eine kleine Spritztour über den Stauwall des Wasserkraftwerks Ering-Frauenstein zur gegenüberliegenden Burg Frauenstein. Hier warten eine wunderschöne Schänke und ein gemütlicher Biergarten auf die Fahrradfahrer.

Gerade im Sommer verströmt der alte Herrensitz, dessen Wurzeln bis in das 10. Jahrhundert reichen, einen besonderen Zauber, der selbst bekennende Sportmuffel in die Pedale treten lässt. Der Biergarten lockt Besucher mit schattigen Plätzen im historischen Burghof und einem malerischen Ausblick auf den im Sonnenlicht schimmernden Innstausee. Einheimische kehren ebenso ein wie Touristen, die auf dem Römer-, dem Tauernradweg oder dem Radweg Unterer Inn an diesem lauschigen Platz vorbeikommen. Ihn einfach zu passieren – das geht schlicht und ergreifend nicht, zumal die Burg Frauenstein am einzigen Innübergang weit und breit liegt. Doch auch im Winter lohnt sich ein Abstecher allemal. Die Schänke lädt zum Essen im stilvollen Ambiente oder gar zum richtigen Gelage, denn ihre Rittermahle mit deftigen Speisen, serviert auf Holztellern und Tongeschirr, haben in der Region durchaus Kultpotenzial.

Wen im Anschluss, frisch gestärkt, nach sportlicher Aktivität durstet, kann von der Burg aus zu einer kleinen Wanderung aufbrechen. Wehraufwärts durch die Erlen- und Weidenwälder und am Inndamm entlang zu ruhigen Staugewässern. Oder nur ein paar Schritte flussabwärts zum Fuße der Kraftwerkswehr. Hier kann man herrlich beobachten, wie sich die mächtigen Fluten des Inns hinabstürzen, und all die Passanten verfolgen, wie sie »nur mal schnell rüberradln«.

✍ Im Frühjahr finden innerhalb der historischen Anlage die *Frauenburger Ritterspiele* statt – ein Spektakel für die gesamte Familie!

UM ZUM HALBENSTEIN ZU GELANGEN, PARKEN SIE IHR AUTO BEIM
GASTHAUS SCHÜTZ /// HALMSTEIN 7 /// D-94094 MALCHING ///

GEHEN SIE VON HIER AUS CIRCA 500 METER NACH SÜDEN
ZUM ORTSAUSGANG. NACH WEITEREN 100 METERN BIEGEN SIE RECHTS
AB UND ERREICHEN NACH ETWA 50 METERN DEN HALBENSTEIN.

EINEN SAGENHAFTEN FELSEN BESTAUNEN
Der Halbenstein bei Halmstein

65

Hoch oben über der Ortschaft Malching auf dem Eichberg lugt ein einzigartiges Felsengebilde aus dem dichten Wald hervor und versetzt die vorbeikommenden Wanderer seit Hunderten Jahren in Erstaunen: der rätselhafte Halbenstein, ein massiver Gesteinskörper aus Quarzschotter, von dem man sagt, dass er in Wirklichkeit doppelt so groß ist und zur Hälfte im Erdinneren verborgen liegt. Ihm verdankt die nahe gelegene Gemeinde Halmstein nicht nur ihren Namen, sondern auch ihre überregionale Bekanntheit.

Wie ist der mächtige, viele Tonnen schwere Felsen ausgerechnet auf die Spitze des Eichbergs gelangt? War es der Teufel, wie es die weitverbreitetste Sage erzählt, der eigentlich das Eringer Wallfahrtskirchlein St. Anna in Schutt und Asche legen wollte, sich aber verschätzte und den riesigen Stein auf die Bergkuppe fallen ließ? Oder stimmt die Legende um den Bauernknecht Irgl, der vergessen hatte, sich für das göttliche Licht dankbar zu erweisen, das ihn eines Nachts sicher durch den dunklen Wald nach Hause geleitet hatte? Mit einem ohrenbetäubenden Lärm soll daraufhin der Brocken vom Himmel gefallen sein und seitdem mahnend in den Himmel ragen.

Die Erklärung, welche die moderne Wissenschaft liefert, ist freilich eine andere: Während des Neogen und des Paläogen, der beiden älteren Perioden der Erdneuzeit, war die Gegend um Halmstein von Wasser bedeckt. Mit der Zeit sammelten sich hier mächtige Ablagerungen an, die sich bei steigenden Temperaturen langsam zu festen Blöcken verkitteten. Viele Millionen Jahre später, während der Eiszeiten, wurden diese schließlich durch den Inn freigelegt. Der Halbenstein ist damit ein beeindruckendes Phänomen der einzigartigen geologischen Geschichte des Inntals und bietet zudem eines der schönsten Panoramen in der Region.

☞ Kehren Sie bei der Gelegenheit im Gasthaus Schütz ein und lassen Sie sich von niederbayerischem Brauchtum unterhalten. Mit etwas Glück spielt dort gerade die beliebte *Eichbergmusi.*

EINEN WILDEN RITT MITMACHEN

Unter den vielen Wallfahrtsorten zu Ehren des heiligen Leonhard nimmt Aigen eine besondere Stellung ein. In der Teilgemeinde von Bad Füssing findet die älteste Pilgerfahrt Niederbayerns statt, deren Wurzeln bis in das Hochmittelalter reichen. Damals war »z'Oang« lediglich ein kleiner Weiler, in dem vor allem Innfischer wohnten. Als die Petrijünger eines Tages eine vermeintlich wertlose hölzerne Statue aus dem Wasser angelten, warfen sie diese sogleich zurück. Doch die Figur wurde trotz starker Gegenströmung immer wieder ans Ufer getrieben, sodass die Finder sie letztendlich an Land holten.

Der benachbarte Burgherr von Katzenberg, ein gebildeter Mann, erkannte in der Gestalt den heiligen Leonhard. Er beschloss, diesem eine eigene Kapelle zu stiften, die um 1180 zur Kirche umgebaut wurde. Unter dem Dach des Gotteshauses, das in den Folgejahren um gotische und barocke Elemente ergänzt wurde, blühte die Wallfahrt auf und mache Aigen zu einer weithin bekannten Pilgerstätte.

Was wäre die Gemeinde ohne den Leonharditag? Jedes Jahr am 6. November dreht sich in Aigen alles um den Heiligen, historischer Festzug mit Pferdesegnung, Gottesdienst, Lichterprozession und Dult eingeschlossen. Eben diesem populären Ereignis ist es zu verdanken, dass sich Aigen heute sogar mit einem eigenen Museum zu Ehren Leonhards schmücken kann. Als die Trachtler des Vereins *Inntaler Buam* 1995 einen Stadl für ihre Festzugutensilien bauten, richtete die Gemeinde gleich großzügige Ausstellungsräume im Obergeschoss mit ein. Seither befindet sich dort eine Dauerausstellung, die mit über 200 Votivtafeln, Opfergaben, historischen Karten sowie der lebensgroßen Leonhardistatue des Malchinger Holzbildhauers Dominik Dengl des Älteren einen eindrucksvollen Einblick in die Tradition des Wallfahrtsortes gibt.

🕮 Das Museum ist immer dienstags, mittwochs, samstags sowie an Sonn- und Feiertagen von 14 bis 17 Uhr geöffnet. Informieren Sie sich auf der Homepage über die wechselnden Sonderausstellungen.

GNADENHOF FÜR BÄREN /// AM BÄRENPARK 7 ///
D-94072 BAD FÜSSING /// 00 49 / 85 37 / 91 94 02 ///
WWW.GEWERKSCHAFT-FUER-TIERE.DE ///

»PROBLEMBÄREN« VERGESSEN LASSEN

Gnadenhof für Bären in Bad Füssing

Dass Meister Petz in Europa mitunter ein schweres Leben hat, ist uns spätestens seit dem Vorfall um Bruno bewusst: Der »Problembär«, dem ein nicht artgerechtes Verhalten attestiert worden war, war 2006 vom italienischen Naturpark Adamello-Brenta in den Raum um Bayrischzell gewandert, wo er mehrere Schafe erlegte. Zu internationaler Bekanntheit gelangte er leider, als er über mehrere Wochen hinweg unter größten Protesten gejagt und schließlich erschossen wurde.

Auch wenn Bruno der erste freilaufende Bär in Bayern seit 1835 war, ist er bei Weitem nicht der einzige im Lande mit einer traurigen Geschichte. Zahlreiche seiner Artgenossen, die von Menschen gehalten werden, müssen unter widrigen Umständen leben und leiden, sei es als Tanz-, Zoo- oder Zirkustiere. All ihre Schicksale haben den Münchner Rechtsanwalt Andreas Grasmüller so sehr beschäftigt, dass er 1993 die *Gewerkschaft für Tiere* gründete. Der Verein betreibt bei Bad Füssing den Gnadenhof für Bären, einen der größten und schönsten Bärenparks Europas, in dem die Tiere auf über 100.000 Quadratmetern artgerecht leben können.

Wer sich aufmerksam auf den Rundweg um die Gehege macht, wird viele Schnauzen glücklicher Tiere aus den Gebüschen herauslugen sehen. Balu und Tibor etwa, die beiden mitteleuropäischen Braunbären aus einem spanischen Wanderzirkus, Masha, die bulgarische Zooveteranin, die jahrelang in einem Betongehege ein tristes Dasein gefristet hatte, oder ihre beiden stolzen Artgenossen Suse und Marco, die ihre Freizeit am liebsten gemeinsam spielend verbringen. An sonnigen Tagen kann man mit etwas Glück den einen oder anderen Meister Petz beim vergnügten Plantschen im Weiher beobachten – entspannt, zufrieden und sorgenfrei.

🐾 Die Gehege können jederzeit auf einem circa 1,5 Kilometer langen Fußweg mit Aussichtsplattform umrundet werden. Füttern ist strengstens verboten.

**THERMENGOLFCLUB BAD FÜSSING-KIRCHHAM /// THIERHAM 3 ///
D-94072 BAD FÜSSING /// 00 49 / 85 37 / 9 19 90 ///
WWW.THERMENGOLF.DE ///**

Man kann den Uli als einen begeisterten Golfer bezeichnen, der viel herumgekommen ist in der Welt. Stolz ist er auf sein Golfreisebuch, in dem er seine schönsten Spiele in 40 Jahren notiert hat. Neben berühmten Namen wie dem *Club de Golf Valderrama* in Spanien oder dem kalifornischen *Pebble Beach Golf Links*, die man zu den »World's Greatest Golf Courses« zählt, finden sich darin regelmäßig Einträge zum *Thermengolfclub Bad Füssing*. »Weil der halt immer wieder Spaß macht!«, erklärt der passionierte Spieler.

Die 18-Loch-Meisterschaftsanlage des 2001 gegründeten Clubs ist harmonisch in die leicht hügelige Landschaft zwischen Bad Füssing und Kirchham integriert. Auf rund 90 Hektar befindet sich ein Golfplatz, der für Anfänger, die »Rabbits«, nicht frustrierend ist, dank seiner großen Variabilität aber auch erfahrenen Hasen Herausforderungen bietet. Unter den scheuen Blicken von Fasanen und Rehen, die sich in den alten Baumbeständen und Büschen am Kößlarner Bach verstecken, lässt sich »der Ball wunderbar ansprechen«. Vor allem kann man in angenehm unprätentiöser Atmosphäre gemeinsam über »Dackeltöter« und »Giraffen« schmunzeln, wie zwei Arten von Fehlschlägen scherzhaft genannt werden. Natürlich sind ebenfalls Trainingsmöglichkeiten gegeben, sei es im »Übungsbunker«, auf der »Driving Range«, dem »Putting Green«, dem »Pitching Green«, dem »Chipping Green«, je nachdem, welchen Schlag man perfektionieren möchte – oder man nimmt gleich Unterricht in der Golfschule, beim Chef persönlich.

Der stimmige Abschluss wartet indes am »19. Loch«: Im Restaurant Fasan kann man die gespielten Runden wunderbar bei einem hervorragenden Essen Revue passieren lassen. Oder wie der Uli bei einem Glaserl Wein Anmerkungen ins Golfreisebuch eintragen, über eine gelungene Runde auf einem schönen Golfplatz.

✍ Informieren Sie sich über die offenen Gästeturniere, die regelmäßig stattfinden und in Kooperation mit den Hotels vor Ort veranstaltet werden.

VIELE TANZVERANSTALTUNGEN LOCKEN GÄSTE ZUM
ERLEBNISPARK HASLINGER HOF /// ED 1 /// D-94148 KIRCHHAM ///
00 49 / 85 31 / 29 50 /// WWW.HASLINGER-HOF.DE ///

WIRKLICH ALLES ERLEBEN KÖNNEN

Erlebnispark Haslinger Hof in Kirchham

Eine Sauerei im metaphorischen Sinne war es zwar nicht. Trotzdem haben sie sich auf dem Haslinger Hof zunächst geärgert, als ihr beantragter Schweinestall in den 1970er-Jahren nicht genehmigt wurde. Zu nahe am aufstrebenden Kurort Bad Füssing sei ihr Anwesen – und da würde eine schweinische Geruchsbelästigung nun mal nicht passen. Also hieß es für die Familie: Ärmel hochkrempeln und einen neuen Plan entwickeln!

Aus heutiger Sicht kann man den Behörden für ihre damalige Entscheidung nur dankbar sein. Seither hat sich der Haslinger Hof von einem Landwirtschaftsbetrieb zu einem beliebten Unterhaltungstreffpunkt für alle Altersklassen entwickelt. Er ist Muss für jeden, der in Bad Füssing zu Besuch ist. Bei geschätzten 1,3 Millionen Kurgästen alljährlich verschlägt es fast eine Million auch auf den einstigen Bauernhof in Kirchham.

Aufgrund der außergewöhnlichen Kombination aus Hotel und Erlebnispark mit mehr als 300 Events im Jahr kann wirklich ein jeder auf dem Haslinger Hof seinen eigenen perfekten Moment erleben. Wer ein Wellnessprogramm bevorzugt, darf sich auf fast 1.000 Quadratmetern im Spa-, Sauna- und Fitnessbereich entspannen. Wem nach Tanz und Party zumute ist, kann sich jeden Tag bei wechselnden Bands und DJs bis in die Puppen austoben: im *Schützenstüberl*, in einem der vielen Stadl oder in der *LandBar* mit dem »b'sonderen Flair«. Und wer sich für bayerisches Brauchtum interessiert, dem bieten zahllose Anlässe die Möglichkeit dazu: der Kartlerabend etwa, das Bauerntheater oder die große Parade der Brauereigespanne. Ob Oldtimertreffen, Hypnose-Nacht, Speeddating, Kinderschminken, Künstlertage oder Showtanz-Nacht – man könnte die Reihe der Veranstaltungshighlights wohl unendlich fortführen. Nur eines wird immer fehlen auf dem Haslinger Hof: Langeweile.

🛍 Tolle Modeartikel – von casual bis Trachten – findet man auf über 1.000 Quadratmetern im *Shopping Erlebnis Modepark*, eigenes Textilmuseum gleich mit angeschlossen.

**SCHNAPSMUSEUM »HOFGARTEN-DESTILLE« /// HOFGARTEN 1 ///
D-94148 KIRCHHAM /// 00 49 / 85 33 / 91 01 92 ///
WWW.PENNINGER.DE ///**

EINEN MILDEN GENIESSEN

Wer 2015 mit dem Flugzeug über Niederbayern flog, dem konnte es durchaus passieren, dass ein seltsamer Wetterballon seinen Weg kreuzte. Voll gefüllt mit handverlesenen Bärwurzeln schwebte ein außergewöhnliches Projekt der Firma Penninger bis in 36 Kilometer Höhe. Die Mission? Den ersten bayerischen »Spacewurz« zu produzieren, einen Schnaps aus traditionellen Zutaten, die in den unendlichen Weiten des Weltraumes ihre besondere Reife erhalten.

Nicht nur die aus dieser Aktion hervorgegangene, auf 2.999 Flaschen limitierte Sonderedition mit den wortwörtlich zu nehmenden überirdischen 40 Promille zeugt davon, dass den Penningern der Schnaps wirklich im Blut liegt, bildlich gesprochen natürlich. Seit 1905 besteht das Familienunternehmen, und seit 1920 produziert es Schnäpse und Liköre. Und wer kennt sie nicht, die charakteristischen Keramikflaschen, gefüllt mit Bär- und Blutwurz, bayerischem Enzian oder Obstler, die das Herzerl so charmant erwärmen? Denn südlich des Weißwurstäquators, da ist es halt vielerorts Tradition, ein üppiges Essen mit einem Stamperl zu krönen.

Dass sich die Penninger zu ihrem – die Schnapszahl macht's – 111. Firmenjubiläum mit dem »Spacewurz« auf neues Terrain wagten, ist charakteristisch für den Traditionsbetrieb, der mit seinen Innovationen wie kein zweiter die Geschichte des Schnapsbrennens in Bayern geprägt hat. All denjenigen, die sich für die Historie hinter dem hochprozentigen Feuerwasser interessieren, sei der Besuch des Schnapsmuseums in Kirchham empfohlen. In dem alten Kellergewölbe des Hofgartens informiert die Ausstellung mit über 400 Exponaten umfassend über das bayerische Kulturgut, von der Heilkräuterverarbeitung über die Obstmühle bis hin zu den unterschiedlichen Brenntechniken. Verkostung eingeschlossen. Prost!

🖎 Die Wurzeln der Firma liegen in der Essigproduktion. Das »Erzeugnis der ersten Stunde«, der biologisch hergestellte Penninger Essig, kann im Schnapsmuseum erworben werden.

ENTSPANNT UNTERTAUCHEN
Johannesbad in Bad Füssing

Fährt man auf der Pockinger Heide ostwärts, werden die Autokennzeichen mit einem Male immer vielfältiger und internationaler. Bunt geht es zu im berühmten niederbayerischen Bäderdreieck, dessen Kurstädte Bad Füssing, Bad Griesbach und Bad Birnbach eine der tourismusstärksten Regionen Bayerns bilden. Ein besonderer Ausflugsmagnet ist dabei die Therme Johannesbad in Bad Füssing.

Der östlichste der drei beliebten Erholungsorte gilt als der traditionsreichste. Seine Geschichte geht bis in das Jahr 1938 zurück, als zum ersten Mal Thermalwasser aus 1.000 Metern Tiefe zu Tage gefördert wurde. Ein wahrlicher Gäste-Boom setzte ab 1953 ein, als die Heilkraft des schwefelhaltigen, 56 Grad heißen Quellwassers belegt werden konnte, das gegen eine Vielzahl von Malaisen helfen soll, darunter Wirbelsäulenleiden, rheumatische Krankheiten, Stoffwechsel- sowie Herz-, Kreislauf- und Durchblutungsstörungen. Heute haben Besucher neben dem Johannesbad mit der *Europa Therme*, der *Therme 1* sowie weiteren unzähligen Kureinrichtungen und Kliniken eine wahrlich hervorragende Auswahl an Wellnessangeboten für Körper, Geist und Seele, die zu Kurzurlaub oder längerem Aufenthalt einladen.

Das Johannesbad stellt einen echten Superlativ inmitten der mannigfaltigen Erholungswelt Bad Füssing dar. Es ist mit einer Wasserfläche von rund 4.500 Quadratmetern nicht nur die größte Therme im Bäderdreieck, sondern ganz Europas. Insgesamt 13 Becken, davon sechs im Außen- und sieben im Innenbereich, warten mit wohligen 27 bis 39 Grad auf Gäste aus nah und fern. Ist man erst einmal für ein paar Stunden im beliebten Vulkanbad, im Wellenbad, im tiefenentspannenden Strömungsmassagebad oder in der großzügigen Saunalandschaft untergetaucht, wünscht man sich nichts als eine Dauerkarte für dieses Wasserparadies.

    Machen Sie einen Abstecher in die nahe gelegene Spielbank. Nach einem entspannten Thermenbesuch lassen sich hier vergnügliche Stunden verbringen.

Den Titel des »tausendjährigen Juwels am Inn« muss man der oberösterreichischen Gemeinde Obernberg neidlos zugestehen. Bei gerade einmal 1.800 Einwohnern beherbergt der Standort zahlreiche architektonische Schätze, die ihresgleichen suchen. Allen voran die Burganlage hoch oben über dem grünen Fluss.

Der anmutige Marktplatz lockt mit einem unvergleichlich farbenprächtigen Inn-Salzach-Stil. Das Wörndlehaus, das Apothekerhaus und das Schiffmeisterhaus präsentieren stolz ihre kunstvollen Rokoko-Stuckfassaden, die der bayerische Künstler Johann Baptist Modler Anfang des 18. Jahrhunderts gezaubert hat. Doch auch die 1447 erbaute Pfarrkirche mit ihren gotischen Holzschnitzereien und Fresken, die Nikolauskirche, in der früher die Innschiffer gesegnet wurden, und das Gurtentor, das heute das Obernberger Heimatmuseum beherbergt, wissen zu begeistern. Ach, es ist hoffnungslos: Meisterhafte Architekturen, wohin man blickt! Dennoch: Als besonderer Höhepunkt ist die Burg zu nennen, die sich auf einem herrlich offenen Gelände direkt auf der steil zum Fluss abfallenden Innterrasse befindet. An ihr kann man die historische Bedeutung des Ortes, der mal österreichisch, mal bayerisch war, gut nachvollziehen: von den ersten hochmittelalterlichen Grundsteinen und tiefen Burggräben der Grafen von Vornbach über den Burgplatz und die Schlossanlage aus dem 12. bis 19. Jahrhundert, der »Passauer Bischofszeit«, bis hin zur Epoche nach der Säkularisation, als Obernberg Standort der oberen und dann der niederen Gerichtsbarkeit war.

Wer nach dem Besuch der Höhenburg mit Falknerei, dem Kunsthaus und dem zauberhaften Garten einen herrlichen Blick auf den Inn werfen möchte, kann dies am besten auf dem Promenadenweg rund um das Areal tun – wie schon die alten Burgherren anno dazumal.

⌗   Wer Obernberg zu Fuß erkunden möchte, ist mit dem gut beschilderten *Kulturrundgang* bestens beraten. Starten Sie an der Infotafel in der Schulstraße.

POCKINGER NATURFREIBAD /// FÜSSINGER STRASSE 18 ///
D-94060 POCKING /// WWW.POCKING.DE ///

IN DEN BAGGERSEE HÜPFEN
Naturfreibad in Pocking

73

Überfüllte Becken, vom Chlor gerötete Augen, endlose Schlangen am Kiosk, Lärm, Gejohle und kein Platz zum gemütlichen Sonnenbad? Da kann man schnell ins Träumen geraten und ihn sich herbeisehnen, den idealen Badespaß fernab all des Rummels in fremden Hotelanlagen und heimischen Freibädern. Ruhig muss es sein, und vor allem gemütlich. Mit ausreichend Gelegenheiten, sich in der Sonne zu aalen und ein Nickerchen zu halten, ohne bedrängt zu werden. Aber auch schattige Stellen müssen vorhanden sein, falls es mal zu heiß werden sollte. Und es sollte natürlich etwas zur Erfrischung geben, leckeres Eis, kühle Getränke und Snacks, mit denen man sich nach dem Schwimmen stärken kann. Wer all dies sucht, der muss nicht in die Ferne schweifen, sondern lediglich nach Pocking ins Naturfreibad fahren.

An der Füssinger Straße ist in den 1970er-Jahren im Zuge von Autobahnarbeiten ein Baggersee entstanden, aus dem die Stadt mit der Zeit einen beliebten Badeort gemacht hat. Mit allen Annehmlichkeiten, die man sich als Besucher neben Sommer und Sonnenschein wünschen kann: ein großzügig angelegtes Areal mit Liegewiesen, Wasserstegen und -inseln, Umkleidekabinen, Beachvolleyballfeldern, Spielplatz, Kiosk, genügend Parkmöglichkeiten vor der Anlage, einer riesigen Wasserfläche von 30 Hektar und vor allem mit einer hervorragenden Wasserqualität. Dank des flach abfallenden Geländes können sich Nichtschwimmer, Anfänger wie auch Profis uneingeschränkt und unter den aufmerksamen Augen der Wasserwacht austoben. Und wer auf den Hund gekommen ist, der kann sogar seinen vierbeinigen Freund auf der anderen Seeseite mit zum gemeinsamen Bad nehmen. Herz, was willst Du mehr?

🏊 Alle »Partypeople« sollten das große, immer Anfang Juli stattfindende *Lake-Explosion*-Open-Air am Baggersee besuchen – dort kann man es so richtig krachen lassen.

ROTTAUER MUSEUM FÜR FAHRZEUGE, WEHRTECHNIK UND ZEITGESCHICHTE /// ROTTAU 11A /// D-94060 POCKING /// 00 49 / 85 31 / 3 29 00 /// WWW.ROTTAUER-MUSEUM.DE ///

MODERNE ARCHÄOLOGIE BETREIBEN
Rottauer Museum in Pocking

74

Die Geschichte des Rottauer Museums begann im Jahre 1982, als der Pockinger Mechaniker Robert Niedermeier einen gar seltenen Zufallsfund in Jugoslawien machte. In einem kleinen Schuppen auf der Insel Korcula entdeckte er ein Motorradgespann *Zündapp KS 750* aus dem Jahre 1944, kaufte es spontan und brachte es »irgendwie« auf sein Anwesen, wo er es liebevoll restaurierte. Die robuste Technik entfachte seine Faszination für die damalige Zeit, und eine beispiellose Sammelleidenschaft entbrannte.

Wer heute das Museum im ehemaligen Schloss der Herren von Rottau besucht, kann eine imposante Kollektion an Fahrzeugen, Wehrtechnik und Zeitzeugnissen aus den 1940er-Jahren bestaunen. Mehr als 60 Rad- und 13 Panzerwagen, die meisten fahrtauglich, unendlich viele Alltagsgegenstände und einen echten Hubschrauber umfasst die außergewöhnliche Ausstellung. Hinter jedem Unikat verbirgt sich eine eigene Geschichte, und das erfüllt auch den pädagogischen Anspruch des Museums. Im Sinne moderner Archäologie soll ohne jegliche Ideologie die Technik aus der Zeit des Zweiten Weltkrieges als Teil unserer Geschichte gezeigt werden: vom Nudelsieb, das mal ein Stahlhelm war, über eine Wäschespinne, mit der einst in Afrika gefunkt wurde, bis hin zum Traktor, der von einem kräftigen Panzermotor betrieben wird.

Nicht ohne Stolz erzählt Robert Niedermeier von all den Nebenrollen, die er zusammen mit seinen Fahrzeugen in zahlreichen Fernseh- und Kinoproduktionen übernommen hat, darunter sogar das oscarnominierte Meisterwerk *Sophie Scholl – Die letzten Tage*. Und die besonders Neugierigen dürfen auch sein *Zündapp*-Motorradgespann bewundern, an dem er noch heute gerne schraubt, und mit dem all seine modernen archäologischen Abenteuer begonnen haben. Damals, im Jahre 1982.

🖂 Das Museum ist Teil der *Rottaler Museumsstraße*, zu der sich 22 Ausstellungen zwischen Neumarkt-Sankt Veit und Aigen am Inn zusammengeschlossen haben. Mehr Infos unter www.rottalermuseumsstrasse.de.

SILBERZEILE SCHÄRDING /// OBERER STADTPLATZ ///
A-4780 SCHÄRDING ///

WEITERE INFORMATIONEN FINDEN SIE UNTER:
TOURISMUSVERBAND SCHÄRDING /// INNBRUCKSTRASSE 29 ///
A-4780 SCHÄRDING /// 00 43 / 77 12 / 4 30 00 ///
WWW.SCHAERDING.AT ///

AN DER SILBERZEILE CHILLEN
Oberer Stadtplatz in Schärding

75

Nicht nur unter Jugendlichen hat es sich mittlerweile etabliert, das Wort »chillen« zu benutzen, wenn man von ein paar entspannten Momenten spricht. Es ist jedoch nicht für jedermann einfach, die Voraussetzungen für diese zu schaffen: kein Stress, eine ruhige Atmosphäre und gute Gesellschaft. Nun liegt es in der Natur der Sache, dass man zum gepflegten Chillen erst einmal »nichts wie raus« aus der Stadt muss, an einen See oder in die Berge. Doch völlig anders verhält es sich beim Schärdinger Stadtplatz, einer wahren Oase.

Umgeben von einer weitgehend erhaltenen mittelalterlichen Stadtmauer mit Wassertor, dem Linzer Tor und dem Passauer Tor, zieht der großzügige Platz Erholungssuchende schon von Weitem nahezu magisch an. Erst einmal angekommen, lässt einen der Zauber nicht mehr los: Das beruhigende Plätschern des Christopherus-Brunnens und die bunten Reihen von Bürgerhäusern aus dem 16. bis 19. Jahrhundert bieten wohltuende Impulse für alle Sinne. An der Nordostseite sticht die spätbarocke Silberzeile hervor. Ihr Name stammt wahrscheinlich aus der Zeit vor der Erfindung der Eisenbahn, als der Inn noch bedeutender Handelsfluss war und den Kaufleuten großen Reichtum bescherte. Gemeinhin geht man davon aus, dass die unterschiedlichen Farben der geschlossenen Häuserfronten einst die verschiedenen mittelalterlichen Zünfte repräsentierten, die in den Gebäuden untergebracht waren: vom blauen Bäcker über den roten Metzger bis hin zum grünen Gastwirt.

Man kann es als Glück betrachten, dass diese strengen Farbvorgaben heute in diesem Gesamtwerk des Inn-Salzach-Baustils nur noch einen symbolischen Charakter haben. Egal ob man eine gelbe, grüne, blaue, rote oder kalkweiße Fassade ansteuert – überall finden sich gemütliche Cafés voller glücklich lächelnder, gechillter Gäste.

🖉 Von der Silberzeile sind es durch das Wassertor nur ein paar Meter zum Inn. Auf zu einer Schifffahrt durch das romantische Inntal oder zum gegenüberliegenden Wasserschloss Neuhaus!

SCHLOSS NEUBURG /// AM BURGBERG 5 ///
D-94127 NEUBURG AM INN /// 00 49 / 85 07 / 92 31 20 ///
WWW.SCHLOSSNEUBURG.DE ///

HOFTAFERNE NEUBURG /// AM BURGBERG 5 ///
D-94127 NEUBURG AM INN /// WWW.HOFTAFERNE-NEUBURG.DE ///

DEM GRAFEN BEGEGNEN
Schloss Neuburg am Inn

76

Beim Besuch von Schloss Neuburg kann es passieren, dass man ins Träumen gerät zwischen all den prunkvollen Brücken, Türmen, Sälen, Gärtlein und Sölern. Doch selbst wenn sich ein festlich gewandeter Adeliger als Graf Georg Ludwig von Sinzendorf vorstellen und ein Gespräch über die Nöte Kaiser Leopolds I., seine grandiose Karriere oder den Stadtbrand in Passau beginnen sollte, gibt das nicht unbedingt Anlass, sich zu kneifen. Vielmehr kommt das andauernd in dieser wunderschönen Anlage vor, hoch über dem Inn. In der Vor- und Hauptburg lebt die über 1.000-jährige Geschichte weiter, in den Gebäuden sowie in den beliebten historischen Führungen.

Man versinkt geradezu in der turbulenten Vergangenheit des Schlosses, während man dem adeligen Gästeführer lauscht und mehr über die Anlage erfährt: Über die Gründung durch den Grafen von Vornbach im Jahr 1050, der es zu einer »neuen Burg« machte. Über die Grafen von Andechs, welche die Burg 1158 übernahmen, um sie bereits 1248 wieder an Bayern abzugeben, woraufhin sie für mehrere Jahrhunderte zum bayerisch-österreichischen Zankapfel und mal zerstört, mal umgebaut und mal erweitert wurde. Und über den noch heute sichtbaren barocken Stempel, den ihr der Graf von Sinzendorf höchstpersönlich mit seinem vielen Geld aufdrückte.

Spätestens aber wenn der Graf über seine Enteignung, seine aufgeflogene Falschmünzerei und vor allen Dingen über seinen eigenen Tod schimpft, wird einem bewusst, dass man sich trotz aller vereinnahmenden Burgatmosphäre inmitten des 21. Jahrhunderts befindet. Und man kann wieder die Augen öffnen für das Hier und Jetzt, in dem das Schloss als internationales Begegnungszentrum der Universität Passau, als Tagungs- und Veranstaltungszentrum und als Landkreisgalerie seine zeitgemäße Bestimmung gefunden hat.

🦢 Runden Sie die Schlossbesichtigung mit einem Besuch der *Hoftaferne* von »Genussjäger und Aromensammler« Klaus Eglseder, einem Spaziergang zum Südzwinger und einer Übernachtung im Vier-Sterne-Hotel ab.

MARIENSTEG /// WERNSTEINER BEZIRKSSTRASSE 1 ///
A-4783 WERNSTEIN AM INN /// WWW.WERNSTEIN.AT ///

ARCHITEKTONISCH VERBUNDEN BLEIBEN

In unserer globalisierten Welt hört man immer wieder den Begriff des »Brückenbauens«. Er dient als Metapher für ein friedvolles Miteinander, gelingende Integration und demokratisch-pluralistische Gesellschaften. Nun mag man denjenigen, die dieses Wort gerne überstrapazieren, Realitätsferne und Neigung zum Utopismus vorwerfen. Man kann aber auch an den Mariensteg fahren, der Bayern und Oberösterreich über den Inn hinweg verbindet, und gelangt zu einem ganz anderen Schluss. Denn das »Brückenbauen« meinen die beiden Partnergemeinden am Grenzfluss offensichtlich nicht nur im übertragenen Sinne, sondern wortwörtlich und haben sich dabei einer außergewöhnlichen architektonischen Verve bedient.

Das bayerische Neuburg und das österreichische Wernstein sind durch eine wechselvolle Geschichte miteinander verknüpft, deren Wurzeln zu den Altgrafen von Vornbach führen. Sie errichteten die Neuburg um 1050 und die gegenüberliegende Burg Wernstein um 1150. Bis in das 19. Jahrhundert hinein wechselten sich Zeiten, in denen Österreich beziehungsweise Bayern über beide Orte herrschte, mit Phasen kriegerischer Auseinandersetzungen ab, ehe endlich Friede einkehrte. Ab 1893 verband die zwei Städtchen dann sogar eine Flussfähre, die jedoch 1961 nach einem schlimmen Unglück stillgelegt werden musste.

Als Neuburg und Wernstein 2003 Partnergemeinden wurden, entschloss man sich, die Verbundenheit der Menschen »drent« und »herent« durch eine Fahrrad- und Fußgängerbrücke zu befördern. Und so wurde der Mariensteg, eine asymmetrische Hängeseilbrücke von 145 Metern Länge, 2006 feierlich eingeweiht. Schon bald heimste sie Preise für ihre architektonische Einzigartigkeit ein. Das wahrlich Besondere erschließt sich freilich erst, wenn man auf ihr steht und Grenzen zu Wegen werden, die zueinanderführen.

✍ Versäumen Sie nicht den nächtlichen Anblick des kunstvoll beleuchteten Marienstegs. Die Farben des Regenbogens lassen ihn als Symbol des Friedens und des vereinten Europa erstrahlen.

KUBIN-HAUS ZWICKLEDT /// SCHLOSS ZWICKLEDT /// ZWICKLEDT 7 ///
A-4783 WERNSTEIN AM INN /// 00 43 / 77 13 / 66 03 ///
WWW.LANDESMUSEUM.AT/STANDORTE/KUBIN-HAUS-ZWICKLEDT.HTML ///

DIE ANDERE SEITE BETRETEN

Kubin-Haus im Schloss Zwickledt in Wernstein am Inn

»Das Leben ist ein Traum.« Es scheint, als gebe es Plätze, an denen
Alfred Kubins wohl bekanntester Aphorismus gleichsam greifbar
wird – um dann doch wieder über die Grenzen jedweden vernunft-
bestimmten Wachseins hinwegzuleiten. Zwickledt, jenes kleine
Schlösslein am Inn, dessen Geschichte sich im Schleier des 16. Jahrhunderts verliert, ist solch ein Ort.

Wenn sich die morgendlichen Nebelschwaden fast schon geis-
terhaft durch die Wipfel der alten Eichen langsam in die Niederun-
gen des Inntals zurückziehen, wenn die ersten Sonnenstrahlen das
Mauerwerk in ein facettenreiches Farbspiel tauchen, in dem Licht und
Schatten zu verschwimmen scheinen – dann mag man nachvollziehen
können, welch einzigartige Stimmung den österreichischen Künstler
und Schriftsteller an diesem Ort zu seinen fantastischen Reisen be-
wogen hat. Von 1906 bis zu seinem Tod 1959 lebte und arbeitete Alfred Kubin im Schloss Zwickledt und schuf dabei unzählige Visionen,
die Expressionisten wie auch Surrealisten gleichermaßen inspirierten
und als grundlegend für die Kunst des frühen 20. Jahrhunderts betrachtet werden. Mehr noch gilt aber sein einziger, 1909 erschienener
Roman *Die andere Seite* als Meisterwerk der fantastischen Literatur,
dessen Einfluss bis in das Wirken von Gustav Meyrink und Franz
Kafka hineinreicht.

Ein jeder, der Kubins darin entwickeltes Bild einer tief ver-
flochtenen Welt voller Gegensätze nachspüren möchte, in der Traum
und Realität nahtlos ineinander überzugehen scheinen, der wird sich
früher oder später am Eisentor von Schloss Zwickledt wiederfinden.
Und wer es durchschreitet, tritt ein in eine fremde und zugleich vertraute Welt, inmitten des so traumhaft schönen Inntals.

✑ Setzen Sie Ihre fantastische Reise nach der Besichtigung des
Schlosses auf dem beschilderten *Kubin Kunst- und Naturweg*
fort und besuchen Sie auch das Grab Kubins auf dem Wernsteiner Friedhof.

LECKERE HAUSMANNSKOST UND SELBST GEMACHTEN APFELMOST
BIETET DER MOSTAUSSCHANK UNTERER INN /// HOFÖTZ 7 ///
A-4783 WERNSTEIN /// 00 43 / 6 76 / 8 21 25 41 47 ///
WWW.MOSTAUSSCHANKUNTERERINN.GEMEINDEAUSSTELLUNG.AT ///

»Freuen wir uns also, solange wir jung sind!« Mit dieser Zeile eines bekannten Studentenliedes, dessen Ursprünge im Mittelalter liegen sollen, wird seit Generationen die unbeschwerte Jugend beschworen. Es ist aber ein Stück, das durchaus bis ins hohe Alter gesungen werden kann. Wer also im Frühling oder Herbst seines Lebens dieses in vollen Zügen genießen möchte und Gleichgesinnte sucht, dem sei eine Tour nach Wernstein ans Herz gelegt. Dort bietet der beliebte Mostausschank *Unterer Inn* alles, was man braucht, um den Sinnesfreuden zu frönen.

Nach einer kleinen Radltour oder einem Spaziergang kann man sich beim »Mostbauer« richtig schön erholen und die Seele baumeln lassen. Ob ein üppiger Jausenteller, selbst gebackenes Brot, hausgemachter Speck oder die leckere Stulle mit Honig aus dem eigenen Bienenstock – vor der traumhaften Kulisse des Neuburger Waldes bleiben auf den letzten Flusskilometern des Inns keine Wünsche offen. Immer auf dem Tisch stehen sollte der Apfelmost aus eigener Produktion. Der kann, wie Eigentümerin Veronika Doppermann mit einem Lachen gestehen muss, »in der prallen Mittagssonne schon einmal zu schnell zu Kopfe steigen.«

Auch in solchen verzwickten Situationen sorgt der »Mostbauer« schnell für Abhilfe: An einem schattigen Platzerl, bei viel Ruhe fernab von all der Hektik der Großstadt und einem Wirtspaar, das einen herzlich umsorgt, kommt jedermann schnell wieder auf die Beine. Es ist ein unbeschwertes Treiben, das beim Ausschank herrscht, vor allem während des Sommers, wenn der Mostgarten von seligen Passauer Studenten bevölkert wird. Also nichts wie hineintauchen, in die zeitlose Unbeschwertheit der Jugend!

🖋 Nutzen Sie die Gelegenheit für eine kleine Radtour zum Mostausschank von Passau aus oder für einen Inn-Spaziergang vom rund drei Kilometer entfernten Bahnhof Wernstein.

UM ZUM SCHÖNPLATZL IM NEUBURGER WALD ZU GELANGEN, STARTEN SIE AM WANDERPARKPLATZ KOHLBRUCK /// PASSAUER STRASSE /// D-94036 PASSAU ///

SCHWAMMERL SUCHEN UND GLÜCK FINDEN

Schönplatzl im Neuburger Wald

80

Es gibt Orte am Inn, die märchenhaft erscheinen. Ganz zweifelsfrei gehört zu diesen Plätzen der Neuburger Wald, der sich vom Inn bis zur Donau zieht. Und was birgt er für Geschichten in seinem Dickicht! Aus der Zeit Karls des Großen etwa, als der Forst Königsgut war, aus dem 9. Jahrhundert, seiner »Bischofszeit«, den nachfolgenden Jahrhunderten, in denen sich adelige Jagdgesellschaften in ihm tummelten, und von dem beherzten Schlussstrich, den die staatliche Forstverwaltung 1803 unter all die Gaudi setzte!

Im Neuburger Wald ist die Heimat vieler Mythen und Sagen. Einen Wilderer, den Sattler Hias, sollen sie hier erschossen haben. Anderorts tauchte der *Neuburger Martel*, ein vergilbter Bildstock, just an jener Stelle auf, an der einst eine verschwenderische Bauernmagd von einer teuflischen Pfütze verschluckt worden sein soll. Doch damit nicht genug! Ein verschütteter Munitionsbunker, eine wahrlich furchtbare »Schwiegermutterkurve« und ein Kreuz mitten im Walde, das an einen geheimnisumwitterten Flugzeugabsturz erinnert – im Neuburger Wald warten zahlreiche mysteriöse Rätsel darauf, entschlüsselt zu werden. Wer möchte da nicht nur allzu gerne dem tristen Alltag entfliehen!

All die Legenden ebenso wie die schöne Baumpracht machen den Neuburger Wald zu einem beliebten Ausflugsziel. Sportliche schätzen seinen variantenreichen Fitnesspfad, Schwammerlliebhaber seine Steinpilze und die Glücksuchenden das Schönplatzl, eine gar wunderbare Lichtung mit einem Holzbankerl. Wer seinen Blick von dort nach oben schweifen lässt, kann eintauchen in das glanzvolle Licht- und Farbspiel der Hainbuchen und Eichen, das sich immer wieder neu erfindet – wie dieser zauberhafte Neuburger Märchenwald.

   Der Waldverein Passau bietet geführte Wanderungen an. Alleinerkunder starten am besten vom Wanderparkplatz an der Passauer Straße und nehmen den Wanderweg 13, der bis zum Schloss Neuburg führt.

Brückenzoll

Kinder ab 4 Jahren 10 Pf.
Handwagen kl. „ 10 „
Mitnahme von Hunde 10 „
Dauerkarten monatl. 2.50

Monatskarten
sind rechtzeitig
zu verlängern.
Brückenzoll
wird erhoben, so
lange der Schal-
ter geöffnet ist.

Brückenzoll

einmalig
10 Pfg.

hin u. zurück
20 Pfg.

INNLEBEN KIOSK

... vieles auch zum mitnehmen

► Kaffee
► Cappuccino
► Cafe Macciato
für jeden den seinen

► Milchkaffee
► heiße Schokolade

/GROßEN

► Brezen
► Sandwiches

► Croissant ► Nürger
► Obst

wissenshungrig / durstig ?

► Tagespres

IM ALTEN KASSENHÄUSCHEN AM FÜNFERLSTEG BEFINDET SICH HEUTE DIE KÜCHE /// INNSTRASSE 21 /// D-94032 PASSAU /// 00 49 / 08 51 / 98 90 49 35 /// WWW.INNLEBEN-PASSAU.DE ///

UNTEN DURCHSCHLÜPFEN
Fünferlsteg in Passau

81

Wenn man ältere Passauer nach ihrer schönsten Erinnerung fragt, wird unisono eine Anekdote vom Fünferlsteg berichtet, der Alt- und Innstadt verbindet. 1916 errichtet, wurde er über 60 Jahre hinweg von einer eigenen Aktiengesellschaft verwaltet, die auch die Übertrittsgebühr, das obligatorische »Fünferl« (später »Zehnerl«) eintrieb. Und was war das für ein strenger Brückenwart, der da aus seinem Fensterl blickte und pingelig darauf achtete, dass wirklich alle ihren Obolus entrichteten. Und was hat das damals den Kindern für eine Freude bereitet, wenn sie dennoch, in einem vermeintlich unbeobachteten Moment, vorbeischleichen konnten, heimlich, still und leise. Und wie sehr mag der Brückenwart dabei ein jedes Mal geschmunzelt haben, während er ihnen nachschaute, gütig, wohlwissend und mit einem Augenzwinkern.

Noch heute ist der Fünferlsteg die wichtigste Innüberquerung für Fußgänger. Von ihm aus kann man wunderbare Fotos der Altstadt und des Domes schießen, und über ihn kann man seine Erkundungstour bequem in die Innstadt fortsetzen. All denjenigen, die ihre »Fünferl« heute stilvoll investieren möchten, sei die Einkehr im früheren Kassiergebäude empfohlen, das mit der *Küche* das wohl kleinste Lokal Passaus beherbergt.

Wer Glück hat, der kann den Platz am einstigen Kassierfenster ergattern und bei einem Cappuccino gemütlich all die Passanten beobachten. Im richtigen Moment erkennt man vielleicht den einen oder anderen älteren Passauer daran, wie er am Fensterl vorbeischlüpft, mit einem schelmischen Lächeln, wie es einem nur die Erinnerung an die gute, alte Zeit auf das Gesicht zaubern kann.

🗝 Parken Sie im Parkhaus am Exerzierplatz und schlendern Sie über den Steg hinüber in die Innstadt, um Friedhof, Severinskirche, Kloster Mariahilf und die römischen Siedlungsrelikte zu besichtigen.

Bibel steht ge-
Du sollst auch dei-
ade lieben !

SEIT ÜBER 70 JAHREN SPEIST DIE UTTI IM BISCHOFSZIMMER DER
HEILIG-GEIST-STIFTSCHENKE UND STIFTSKELLER ///
HEILIGGEISTGASSE 4 /// D-94032 PASSAU /// 00 49 / 8 51 / 26 07 ///
WWW.STIFTSKELLER-PASSAU.DE ///

EIN FRÖHLICHES MAHL FEIERN

Heilig-Geist-Stiftschenke und Stiftskeller in Passau

82

Wenn die Utti an ihren ersten Besuch in der Heilig-Geist-Stiftschenke zurückdenkt, muss sie unweigerlich schmunzeln. Anlass war ihre eigene Taufe, was nun doch schon etwas her sein mag. Ob Geburten, Geburtstage oder Hochzeiten, unzählige weitere Gelegenheiten sollten für die waschechte Passauerin folgen. Wenn es in ihrer Heimatstadt etwas zu feiern gibt, zieht es die Festgesellschaft in das Lokal in der Heiliggeistgasse, das wie kein anderes Genuss mit einer traditionsreichen Atmosphäre vereint.

Das zentral gelegene Gasthaus, das seit 1965 von der Familie Mayer betrieben wird, geht auf die Heilig-Geist-Stiftung des Passauer Stadtrichters Urban Gundacker im Jahre 1358 zurück. Zu seinen Spezialitäten gehören zahllose Schmankerl aus der regionalen Küche, Fische aus dem stiftseigenen »Apostelfischwasser« und dem Fischbecken im Garten sowie die stiftseigenen niederösterreichischen Weine. Wahrlich einzigartig ist das Ambiente in diesem Gebäude, das zu der Geschichte der Stadt gehört und diese mitgeprägt hat. In den erhabenen Gemäuern treffen sich regelmäßig rund 25 Passauer Stammtische und haben bereits unzählige bedeutende Persönlichkeiten aus Politik, Religion, Sport sowie Kultur gespeist. Man kann nur erahnen, welch richtungsweisende Entscheidungen schon in den Gewölben der Gundacker Stube, des Jagdzimmers oder im Stiftherrenstüberl getroffen worden sind.

Für die Utti wird die eigene Familientradition immer greifbar, wenn sie das altehrwürdige Bischofszimmer betritt, ihren Blick über die kunstvoll geschnitzten Wandvertäfelungen, den Kachelofen mit all seinen Ornamenten und die prächtige Bischofsbüste schweifen lässt. Dann lässt sie sich glücklich auf »ihrem« Platzerl nieder. Genau dort, wo sie seit 70 Jahren sitzt. Damals mit den Großeltern und heute im Kreise ihrer Enkel.

🍷 Statten Sie auch dem 1.000-jährigen Stiftskeller einen Besuch ab. In den 1969 zum Weinkeller ausgebauten Gewölben lässt sich der stiftseigene Wein vor dem offenen Kamin wunderbar genießen.

WEINGUT PASSAU /// THERESIENSTRASSE 28 /// D-94032 PASSAU ///
00 49 / 8 51 / 37 93 05 00 /// WWW.WEINGUT-PASSAU.DE ///

POESIE IN GLÄSERN TRINKEN
Bistro und Vinothek »Weingut« in Passau

83

Es mag eine Zeit gegeben haben, in der so mancher Passauer Wein-liebhaber schier verzweifelt ist, wenn er mal ein Glaserl in passender Atmosphäre genießen wollte. Spätestens seit der Eröffnung des Bis-tros *Weingut* 2012 hat diese Leidenszeit jedoch ein Ende. Frei nach dem Motto »Das Leben ist zu kurz für schlechten Wein« lassen mehr als 200 erlesene Tropfen keine Wünsche mehr offen.

Im modernen Lokal mit Vinothek, Weinbar und gemütlichem Garten findet man deutsche Spitzenprodukte ebenso wie eine viel-fältige Auswahl internationaler Rot-, Weiß- und Rosé-Weine. Ange-hende Önologen wähnen sich im *Weingut* gar im Paradies: Eigentü-mer Stefan Öller, der seine Ausbildung zum Sommelier und Koch bei europäischen Topadressen absolviert hat, steht allen Gästen begeis-tert mit seinem Wissen zur Seite und findet für einen jeden die richti-ge »Poesie in Gläsern«. Freilich kommen auch weitere Gaumenfreu-den nicht zu kurz. Für alle Hungrigen hält das junge, international erfahrene Küchenteam eine Speisekarte bereit, die durchgehend zu gefallen weiß, von der vegetarischen Pilz-Frischkäserolle über Bru-nos Chef-Salat und das Filet vom Rottaler Jungbullen bis hin zur Va-riation aus drei hausgemachten Sorbets.

Ob nach der Arbeit oder dem Theaterbesuch, zur Degustation oder einfach nur auf ein gemütliches Schlückerl – im *Weingut* kom-men Jung und Alt zu verschiedenen Anlässen zusammen. Eine bunte Mischung an Gästen, mit einem gehörigen Schuss Internationalität gewürzt. Denn nicht zuletzt seitdem Stefan Öller und sein Team 2016 in einem hochkarätigen Bewerberfeld das Fernsehkochduell *Mein Lokal, Dein Lokal* beim Sender *Kabel 1* gewonnen haben, hat es sich weit über Passaus Grenzen hinaus herumgesprochen, dass man an diesem Ort wunderbar essen, trinken und feiern kann.

🍷 Immer samstags von 11 bis 14 Uhr gibt es den *Feinschmecker-Brunch* im *Weingut*. Starten Sie bei einem hervorragenden Buf-fet in angenehmer Atmosphäre ganz relaxed ins Wochenende!

DOM ST. STEPHAN /// DOMPLATZ /// D-94032 PASSAU ///
WWW.BISTUM-PASSAU.DE/DOM-ST-STEPHAN ///

Was für ein Anblick! Schon von Weitem zu sehen, majestätisch auf der Altstadtterrasse zwischen Donau und Inn gelegen, prägt der Stephansdom mit seinen charakteristischen neubarocken Türmen seit Jahrhunderten das Gesicht der Dreiflüssestadt. Mehr aber noch ist sein Antlitz Spiegel der wechselvollen Geschichte der Stadt. Von seinem Bau Anfang des 8. Jahrhunderts über die Zeiten der Bischöfe und Fürsten bis in die Moderne hinein – die Kirche im Herzen Passaus hat alle historischen Ereignisse überdauert.

Sein Alter ist dem Gotteshaus deutlich anzusehen: Als »barocker Dom mit einer gotischen Seele« vereint er die Überreste des ehemaligen Klosters und das spätgotische Quer- sowie das barocke Langhaus zu einem anmutigen Ensemble. Passau ohne seinen Stephansdom – das ist wohl nicht denkbar. Heute wie früher wirft man – trotz Taschen-, Armbanduhr oder Handy – traditionell einen Blick auf die Ziffernblätter der Turmuhren, wenn man wissen möchte, wie spät es ist. Also nur nicht den Gottesdienst verpassen! Denn wenn sich zur Sonntagsmesse die Dompforten öffnen, herrscht eine besondere Stimmung. Der Einzug wird von der größten Kirchenorgel der Welt begleitet, die mit ihren 17.974 Pfeifen und 233 Registern als technisches Wunderwerk gilt und einen Klang entfaltet, der an Kraft seinesgleichen sucht.

Am dankbarsten sollte sich freilich die Uni zeigen, solch einen Dom in ihrer Nähe zu wissen. Das morgendliche Geläut der acht Glocken mit den klangvollen Namen »Predigerin«, »Stürmerin« oder »Dignitär« stellt nämlich mit unvergleichlich charmanter Penetranz zuverlässig sicher, dass auch der verkaterteste Student nach der wildesten Partynacht spätestens um 8 Uhr pünktlich in der Vorlesung sitzt – Kopfweh hin oder her. Der Wert des Doms für den Wissenschaftsstandort Deutschland – wohl unbezahlbar.

🎵 Zwischen 2. Mai und 31. Oktober findet jeweils werktags um 12.00 Uhr ein etwa halbstündiges Domorgelkonzert statt – ein Muss für jeden Passaubesucher!

INNPROMENADE /// D-94032 PASSAU ///

WEITERE INFORMATIONEN ERHALTEN SIE BEI
TOURISTINFORMATION PASSAU /// RATHAUSPLATZ 2 ///
D-94032 PASSAU /// 08 51 / 95 59 80 /// WWW.PASSAU.DE ///

Welch illustre Schar muss bereits damals die vom Passauer Fürstbischof Joseph Franz Anton Graf von Auersperg frisch angelegte Innpromenade tagtäglich angelockt haben: Ende des 18. Jahrhunderts traf man am Fluss nicht nur seinesgleichen, sondern flanierte inmitten der gesamten Passauer Gesellschaft. Vertreter der Kirche und des Adels bis hin zum gemeinen Volke schlenderten vorbei an der Altstadt und genossen die Aussicht auf die gegenüberliegende Innstadt mit ihrem architektonischen Flair.

Die Promenade, die einst aus den Überresten der Stadtmauer erbaut wurde, hat sich ihren vereinenden Charakter über die Jahrhunderte hinweg bewahrt: Emsig diskutierende Spaziergänger treffen auf in Bücher vertiefte Studenten, verliebt lächelnde Pärchen, heftig schnaufende Jogger, junge Familien mit Kinderwagen, glückliche Gassi-Geher, Touristen aus der ganzen Welt sowie auf Omas und Opas, die im Schatten der Kastanien und Platanen ihre Enkel beim Herumtoben auf dem Spielplatz beobachten. Es ist wahrlich eine bunte Mischung, die sich hier am Inn kurz vor seiner Mündung in die Donau tummelt.

Dass dieser Ort seine verbindende Wirkung nicht nur in guten, sondern auch in schlechten Zeiten entfaltet, zeigte zuletzt das Jahrhunderthochwasser 2013, das weite Teile der Stadt überflutet hatte. Als die Einsatzkräfte immer mehr an ihre Grenzen kamen, organisierten sich Hunderte von Passauer Hochschülern in sozialen Netzwerken und unterstützen überall da, wo helfende Hände benötigt wurden. »Passau räumte auf«, und für viele der gut 12.000 Studenten war ihr Studienort auf einmal nicht mehr nur akademische Durchgangsstation, sondern Heimat geworden.

✍ Kombinieren Sie Ihren Spaziergang mit einer Einkehr im Café Innsteg und einem Besuch des Flohmarkts, der jeden zweiten Samstag (im Sommer) beziehungsweise jeden vierten (im Winter) stattfindet.

EINE SCHÖNE TOUR DURCH DIE GASSERL
DER PASSAUER ALTSTADT BEGINNT AM
RESIDENZPLATZ /// D-94032 PASSAU ///

GLASMUSEUM PASSAU /// SCHROTTGASSE 2 /// D-94034 PASSAU ///
00 49 / 8 51 / 3 50 71 /// WWW.GLASMUSEUM.DE ///

Das Tolle an der Passauer Altstadt ist, dass man die Geschichte mehrerer Tausend Jahre mit wenigen Schritten durchschreiten kann. Auf der hoch gelegenen Flussterrasse befand sich zur Zeit der Geburt Christi das keltische *Oppidum Boiodurum*, das circa 150 nach Christi vom römischen *Kastell Batavis* abgelöst wurde und den Ursprung des heutigen Passaus bildete. Ab der Ernennung Passaus zum Bischofssitz 739 entstand das historische Stadtbild, das uns heute zu zahlreichen Entdeckungen einlädt.

Hat man dem Stephansdom den obligatorischen Besuch abgestattet, sollte man der Zengergasse zum Residenzplatz folgen. Hier, wo früher die Bischöfe wohnten und sich heute das Domschatz- und Diözesanmuseum befindet, beginnt man am besten seine Erkundung durch die Altstadt. Neben dem eindrucksvollen architektonischen Ensemble kann man an diesem Ort den Wittelsbacherbrunnen bestaunen. Er wurde der Stadt anlässlich ihrer 100-jährigen Zugehörigkeit zu Bayern geschenkt und am 7. Juli 1906 von Prinz Alfons von Bayern persönlich feierlich enthüllt. Schafft man es, den vielen Cafés am Residenzplatz zu widerstehen, gelangt man über die Schuster- und Schrottgasse zum Rathaus am Donauufer. Von diesem historischen Gebäude, das die Passauer 1298 dem Fürstbischof abstritten, kann man donauabwärts wunderbar durch die Fischmarktgasse am Passauer Glasmuseum vorbei über den Römerplatz, die Bräuhausgasse und das Kloster Niedernburg zur Ortsspitze flanieren.

Nach einer kleinen Stärkung im Schlosshotel Ort kann man zum Innkai schlendern, der einen mit einer tollen Aussicht auf die Innstadt belohnt. Über das malerische Zinngießergässchen gelangt man schließlich zurück zum Dom. Freilich nicht, ohne den Schaiblingsturm, einem Relikt der mittelalterlichen Stadtbefestigung, mit einem anerkennenden Blick gewürdigt zu haben.

Machen Sie einen Abstecher ins Glasmuseum! In dem 1985 von Neil Armstrong eröffneten Gebäude finden Sie unter anderem die weltweit größte Sammlung Böhmischen Glases mit circa 13.000 Exponaten!

IN PANORAMA SCHWELGEN
Veste Oberhaus in Passau

87

Eigentlich muss man die Veste Oberhaus als klassische Fehlinvestition bezeichnen, denn sie hat ihren ursprünglichen Zweck klar verfehlt. Zumindest, wenn es nach dem ersten Passauer Fürstbischof gegangen wäre. Ulrich II., 1217 gerade frisch vom Kaiser gekürt, störte sich vehement daran, dass sich die Passauer gegen seine Herrschaft sträubten und sogar offen gegen ihn protestierten! Freiheit und Unabhängigkeit, das waren hohe Güter für die Bevölkerung, und der neue kirchliche und weltliche Herrscher stand eben diesen im Wege. Doch Ulrich II. verzagte nicht und baute 1219 schnell die Veste Oberhaus auf dem Georgsberg, und nur zwei Jahre nach seiner Ernennung trotzte eine mächtige Festungsanlage hoch über der Stadt, um das Volk einzuschüchtern.

Zumindest in den ersten Jahrhunderten, das muss man zugestehen, war die Veste effektiv: Sie überstand zahlreiche, ach was, alle Belagerungs- und Eroberungsversuche, verhinderte Revolutionen und diente als Staatskerker für politische Gefangene und als Unterkunft Napoleons. Doch nehmen hat sie den Passauern den Freiheitsdrang niemals können. Und als die Zeiten der Fürstbischöfe und der Militärs vorbei waren, ging die Festung 1932 endgültig an die Bevölkerung über und wurde damit sogar zum Symbol für das Überdauern der Idee von Freiheit.

Dank der phänomenalen Aussicht über den gesamten Innenstadtbereich auf Dom, historisches Rathaus, Neuen Stadtturm, Ortsspitze und das gegenüberliegenden Kloster Mariahilf mauserte sich die ehemalige Abwehranlage rasch zum liebsten Ausflugsziel der Passauer.

Kombinieren Sie Ihren Besuch mit einer Erkundungstour durch das Oberhaus-Museum und einem Abendessen mit dem wohl bezauberndsten Ausblick Passaus im Restaurant Oberhaus.

EIN HERRLICHES INN-DONAU-ILZ-PANORAMA ERÖFFNET SICH AM RESTAURANT BLAAS PASSAUBLICK /// HINDING 38 /// A-4785 FREINBERG /// 00 43 / 77 13 / 81 07 /// WWW.RESTAURANT-BLAAS.AT ///

DIE LEINEN LOSLASSEN
Restaurant »Blaas Passaublick« in Freinberg

88

Natürlich muss man keine Wasserratte sein, um eine Schifffahrt auf dem Inn zu genießen. Man kann dies sogar trockenen Fußes, völlig unabhängig jedweden Wellengangs – ganz bequem vom Land aus. Idealer Ort dafür ist das Restaurant *Blaas Passaublick*, das sich im Osten der Stadt majestätisch über der Donau erhebt. Von hier aus hat man eine traumhafte Aussicht auf die Ortsspitze und kann sich wunderbar gedanklich hineinversetzen in die Gäste der berühmten Ausflugsschiffe.

Die *MS Sissi*, *MS Gisela* und *MS Deggendorf* legen an der Fritz-Schäffer-Promenade an der Donau ab, fahren dann ein Stückerl flussaufwärts, wenden und umfahren die Passauer Altstadt, um im Anschluss vor dem Innkai zu kreisen. Höhepunkt der Tour bildet jedoch das abschließende Treibenlassen in der wilden Strömung unmittelbar vor der Ortsspitze, an der die drei Flüsse Inn, Ilz und Donau aus drei verschiedenen Himmelsrichtungen zusammenfließen. An dieser Stelle erschließt sich der einzigartige Charakter Passaus mit dem linksgelegenen Kloster Mariahilf, der historischen Altstadt und den beeindruckenden Anlagen der Vesten Ober- und Niederhaus rechterhand. Und an dieser Stelle ist es auch Zeit, unserem grünen Fluss auf Wiedersehen zu sagen.

Zusammen mit der aus dem Bayerischen Wald kommenden, moorgeschwärzten Ilz mündet der Inn an der Landzunge in die blaue Donau, deren Quelle 600 Kilometer westwärts im Schwarzwald entspringt. Drei Flüsse beenden an diesem Ort ihre unterschiedlichen Reisen, um zusammen den Weg bis ans Schwarze Meer fortzusetzen. Und damit vereinen sich auch drei Geschichten, um gemeinsam eine neue zu beginnen.

☞ Auch bei trübem Wetter lohnt sich der Besuch bei den Wirtsleuten Gerhard und Beate Blaas. Schon der hervorragenden Küche mit den über 20 leckeren Palatschinken-Variationen wegen.

LIEBLINGSPLÄTZE

AUF EINEN BLICK

ALLE LIEBLINGSPLÄTZE FINDEN SIE
UNTER WWW.GMEINER-VERLAG.DE

LIEBLINGSPLÄTZE

DIE NEUEN IM FRÜHJAHR 2017

Barabaschi / Schwalm,
Eifel
978-3-8392-1997-3

Begett,
Ruhrindustrie
978-3-8392-1998-0

Heinz / Heinz,
Leipzig
978-3-8392-2000-9

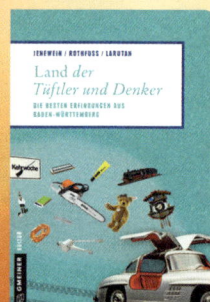

Jenewein / Rothfuß /
Larutan, **Land der
Tüftler und Denker**
978-3-8392-2001-6

Meckelmann,
Fehmarn
978-3-8392-2002-3

Reidt,
Sylt
978-3-8392-2003-0

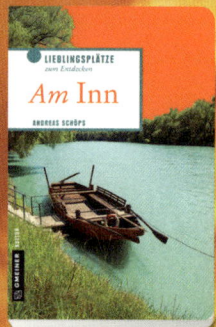

Schöps,
Am Inn
978-3-8392-2004-7

Schütz,
Bodensee
978-3-8392-2005-4

Steiger / Steiger,
**Von der Bergstraße
über den Odenwald
zum Spessart**
978-3-8392-2006-1